PONS

Grammatik ... jetzt klappt's!
FRANZÖSISCH

Leichtes Lernen Schritt für Schritt

von
Talia Bachir

unter Mitarbeit von
Isabel Langenbach

Ernst Klett Sprachen GmbH
Barcelona • Belgrad • Budapest • Ljubljana • London • Posen • Prag
Sofia • Stuttgart • Zagreb

PONS
Grammatik ... jetzt klappt's!
FRANZÖSISCH

Leichtes Lernen Schritt für Schritt

von
Talia Bachir

unter Mitarbeit von
Isabel Langenbach

Auflage A1 5 4 3 2 1 / 2008 2007 2006 2005

Internet: www.pons.de
E-Mail: info@pons.de

Redaktion: Antje Wollenweber
Logoentwurf: Erwin Poell, Heidelberg
Logoüberarbeitung: Sabine Redlin, Ludwigsburg
Einbandgestaltung: deutschewerbeagentur
Originalillustrationen: Thierry Duchesne, Fresnay l'évêque
Schwarz/weiß-Illustrationen: Norberto Lombardi, Campana
Layout/Satz: **beluga**design, Stuttgart
Druck: Legoprint
Printed in Italy.
ISBN: 3-12-561212-8

Willkommen in der Welt der französischen Grammatik!

Sie möchten die französische Grammatik schnell lernen und das mit Freude und Motivation? Sie möchten die Regeln gut verstehen und auch umsetzen können?

Mit diesem Kurs lernen Sie die wichtigsten grammatikalischen Aspekte der Sprache kennen. Sie trainieren mit einer modernen, kommunikativen Lernmethode intensiv die Grammatik und lernen, diese in lebensnahen Situationen anzuwenden. Gleichzeitig erlangen Sie solide Grundkenntnisse in Kommunikation, Wortschatz und Landeskunde durch abwechslungsreiche Übungen. Durch ihren flexiblen Ansatz ist die Grammatik ... Jetzt klappt's! sowohl für Anfänger als auch für Wiedereinsteiger geeignet. Lösungen und Tipps tragen dazu bei, dass Sie als Selbstlerner die französische Grammatik schneller beherrschen.

Wie ist die Grammatik ... Jetzt klappt's! aufgebaut?

Die Grammatik ... Jetzt klappt's! besteht aus 12 Modulen und 12 Tests. Jedes Modul beginnt mit einer leichten Einführung zu den jeweiligen Themen. Im Anschluss erhalten Sie genaue Erklärungen und haben die Möglichkeit, in zahlreichen Übungen das Gelernte anzuwenden. Nach jedem Modul können Sie einen Test machen um zu überprüfen, ob Sie die Inhalte auch sicher beherrschen.

Der Kurs wird durch eine **Audio CD** ergänzt, viele der Übungen und Texte finden Sie auch hier, wodurch Sie zusätzlich ihr Hörverstehen, ihre Aussprache und mündliche Kommunikation ausführlich üben können.
Die Übungen sind durchnummeriert, damit Sie schnell und leicht einen Überblick haben, wo Sie sich befinden. Ebenfalls hilft dies Ihnen bei der Überprüfung der Lösungen, die Sie im Anhang des Buches finden.

Bildsymbole

Anhand der Bildsymbole erkennen Sie, ob Sie einen Stift, ein zusätzliches Blatt Papier oder die Audio CD (immer optional) für die jeweilige Übung brauchen:

Dieses Bildsymbol zeigt Ihnen, dass Sie die Übung auch auf der Audio CD hören können. Die Tracknummer gibt Ihnen an, wo Sie die Übung auf der CD finden.

Für eine Übung mit diesem Symbol brauchen Sie einen Stift, um etwas zu schreiben oder einzutragen.

Auch für diese Übungen brauchen Sie einen Stift, diesmal um etwas anzukreuzen oder zu verbinden.

Bei diesem Symbol werden Sie aufgefordert ein zusätzliches Blatt zu verwenden, um die Übung zu machen.

Mit diesem Symbol werden Sie darauf hingewiesen, dass Sie die Inhalte besonders aufmerksam lesen sollten.

Bon à savoir !
Folgende Substantive gibt es nur im Plural:
les lunettes – *die Brille*
les toilettes – *die Toiletten*

In der Box erhalten Sie nützliche und interessante Hinweise über die französische Sprache und über landesübliche Besonderheiten.

Übersetzungen der Sprichwörter:
1. *Ich denke, also bin ich.*
2. *Wenn die Katze aus dem Haus ist, tanzen die Mäuse.*

Das Wortschatzfeld enthält Wörter und Wendungen, die für die jeweiligen Übungen hilfreich sind.

aller	
je vais	nous allons
tu vas	vous allez
il va	ils vont

In dieser Box finden Sie konjugierte Verben.

Anhang

Hier finden Sie folgende Inhalte:

Lösungen: Zur Überprüfung ihrer Lösungen können Sie im Anhang nachschlagen.

Grammatik: Hier finden Sie ausführliche Erklärungen zu allen wichtigen Grammatikinhalten, die in diesem Kurs gelernt werden.

Wortverzeichnis: In diesem alphabetisch sortierten Wortverzeichnis finden Sie schnell alle verwendeten Wörter der Grammatik ... Jetzt klappt's! mit deren Übersetzungen.

Viel Spaß und Erfolg beim Französischlernen!

Inhaltsverzeichnis

1

Hier sehen Sie Mounir, der im Café Rose auf Marie wartet. Welche Wörter aus dem Bild sind weiblich, welche sind männlich? Ordnen Sie sie der Tabelle zu.

männlich	weiblich

un serveur – une serveuse – un étudiant – une étudiante – une bière – Mounir – un pastis – un journal – une table – une chaise

2 TR. 01

Hier geht es um den Singular *(Einzahl)* und den Plural *(Mehrzahl)* der Bezeichnungen. Verbinden Sie die Pluralform rechts mit der passenden Singularform links. Achten Sie auf die Endung der Pluralform. Wenn Sie möchten, können Sie sich die Vokabeln auf der CD anhören.

1. un serveur	a. des serveuses
2. un étudiant	b. des bières
3. une bière	c. des journaux
4. une table	d. des étudiants
5. une étudiante	e. des tables
6. une serveuse	f. des étudiantes
7. un journal	g. des pastis
8. un pastis	h. des serveurs

3

Männlich oder weiblich?

Im Französischen sind alle Substantive *(Hauptwörter)* entweder männlich oder weiblich, meist unabhängig von ihrer Bedeutung. So kann z. B. mit **la personne** *(die Person)* ein Mann gemeint sein! Zum Glück gibt es aber einige Regeln zur Kennzeichnung des Geschlechts dieser Wörter!
Die häufigsten Endungen bei männlichen Substantiven sind **-eur**, **-eau**, **-in**, **-ail**, **-ment** und die meisten weiblichen Endungen sind **-e**, **-euse**, **-té**, **-ade**, **-tion**, **-ette**.
Dem Substantiv vorangestellt ist meist der unbestimmte oder bestimmte Artikel (**un** / **une** / **le** / **la** / **l'**). Er wird immer klein geschrieben, außer, es handelt sich um einen Eigennamen oder um die Staatsangehörigkeit.

Schreiben Sie die Wörter in die passende Reihe:

Männlich: ______________________________

Weiblich: ______________________________

vendeuse – fromage – gâteau – matin – table – chaise – carte – travail – Française – serveur

4 TR. 02

Bon à savoir !
Einige weibliche Formen werden unregelmäßig gebildet, sie kommen aber sehr häufig vor!

m. -eur, w. -euse
un voleur, une voleuse – *ein/e Dieb/in*

m. -teur, w. -trice
un auditeur, une auditrice – *ein/e Zuhörer/in*

m. -(i)er, w. -(i)ère
un étranger, une étrangère – *ein/e Ausländer/in*

Substantive, die Personen (oder Tiere) bezeichnen, haben oft eine männliche und eine weibliche Form. Die weibliche Form kann meist aus der männlichen Form abgeleitet werden. Schauen Sie sich jeweils die Wortreihen an. Woran erkennt man, dass das zweite Wort weiblich ist? Lesen Sie dann die Regeln dazu und sprechen Sie die Reihen nach, die Sie gerne auf der CD hören können!

un Anglais ▸ une Anglaise	un Allemand ▸ une Allemande
un chien ▸ une chienne	un Parisien ▸ une Parisienne
un invité ▸ une invitée	un ami ▸ une amie
un célibataire ▸ une célibataire	un journaliste ▸ une journaliste

Im Allgemeinen wird die weibliche Form durch Zusatz der Endung **-e** gebildet.

Besonderheiten:

männlich **-en**	▸ weiblich **-enne**
männlich **-i** oder **-é**	▸ weiblich **-ie** oder **ée** (nicht hörbar)
männlich **-e**	▸ weiblich **-e** (keine Änderung)

5 TR. 03

Singular und Plural: Sehen Sie sich jeweils die Wortreihen an und versuchen Sie zu ermitteln, woran man sehen kann, dass das zweite Wort im Plural ist. Lesen Sie dann die Regel dazu und sprechen Sie die Reihen nach, Sie können sie auf der CD hören.

1. un ami / des amis – un bar / des bars – un restaurant / des restaurants – une Portugaise / des Portugaises
2. un Français / des Français – un jus / des jus – un prix / des prix
3. un animal / des animaux – un bureau / des bureaux – un cheveu / des cheveux

1. Allgemeine Pluralbildung: durch **des / les** und die nicht hörbare Endung **-s**.
2. Bei Wörtern, die im Singular auf **-s** oder **-x** enden: Pluralbildung durch den Begleiter allein (**des / les**), gleiche Form wie im Singular.
3. Unregelmäßige Pluralbildung: Wörter auf **-a(i)l**, **-eu**, **-(e)au** enden im Plural auf **-aux** bzw. **-eux**.

Bon à savoir !
Folgende Substantive gibt es nur im Plural:
les lunettes – *die Brille*
les toilettes – *die Toiletten*

6

Jetzt sind Sie im Café Rose!
Lesen Sie folgende Wörter und schreiben Sie die dazugehörige Pluralform in die Lücken.

1. une table	______	5. une personne	______
2. un pastis	______	6. un gâteau	______
3. une quiche	______	7. un café	______
4. un euro	______	8. une bière	______

7

Marie kommt nicht allein

Lesen Sie den Dialog zwischen Mounir, Marie und Susan und markieren Sie im Text die Orte, Nationalitäten und Berufe. Sie können den Dialog auch auf der CD hören.

Mounir: Salut Marie!
Marie: Salut Mounir! Je te présente Susan, c'est une Anglaise, elle vient de Londres.
Mounir: Enchanté, Susan! Tu passes tes vacances à Paris?
Susan: Non, j'habite ici. Je suis journaliste.
Marie: Elle travaille pour Le Monde! Elle est journaliste, comme moi!
Mounir: Oh, c'est intéressant! Et tu parles super bien français!
Susan: Euh, je ne sais pas…
Marie: Mais si!
Susan: Et toi, Mounir, tu es Français?
Mounir: Mes parents viennent du Maroc et je suis né à Casablanca. Mais j'habite en France depuis longtemps.
Susan: Donc toi aussi, tu es bilingue, tu parles français et arabe!
Mounir: Oui, mais tu sais, tous les Marocains sont bilingues.
Susan: Et qu'est-ce que tu fais dans la vie?
Mounir: Je suis étudiant. Et je travaille aussi deux jours par semaine comme vendeur dans un magasin de chaussures. Tu as besoin de chaussures?
Susan: Pourquoi? Tu n'aimes pas mes chaussures?
Mounir: Mais si!

Bon à savoir !
Mit der Frage **Qu'est-ce que vous faites dans la vie?** *Was machen Sie beruflich?* fragt man nach dem Beruf und meint nicht das Leben allgemein.

8

Versuchen Sie, in diesen Buchstabenschlangen die französische Übersetzung der Begriffe zu finden und zu unterstreichen!

Verkäuferin	dnebvendeusesi	*Professor(in)*	pprofesseureest
Kellner (Pl.)	hseserveursesjd	*Schauspielerin*	actriceuracteusah
Doktor	croadocteurceds	*Angestellter*	unenemployés

9

Berufsbezeichnungen: Viele französische Berufsbezeichnungen haben eine männliche und eine weibliche Form. Beide unterscheiden sich durch ihre Endung, wie andere Substantive.

Welchen Beruf könnte Caroline haben und welchen Pierre? Schreiben Sie sie in die Kästen.

Caroline: „Je suis …	Pierre: „Je suis …

boulanger – musicienne – employé – employée – acteur – danseuse – actrice – boulangère – photographe – musicien – photographe – dentiste – danseur – dentiste

Einige Berufsbezeichnungen haben jedoch nur eine männliche Form, die für Personen beider Geschlechter benutzt wird. Es sind Aktivitäten, die früher nur Männern vorbehalten waren, z. B. **médecin**, **docteur**, **ingénieur**, **professeur**.

Bon à savoir !
Die Berufsbezeichnung wird ohne Begleiter an das Verb **être** angeschlossen:
Marie est journaliste.

10

Was sind diese Personen von Beruf? Schreiben Sie die passende Berufsbezeichnung in die Lücken unter den entsprechenden Bildern.

1
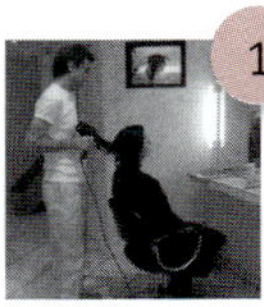
______

2

______

3

______

4

______

5

______

6

______

a. une jardinière – b. un architecte – c. des musiciens – d. un coiffeur – e. une photographe – f. des joueuses de tennis

11

Sehen Sie sich die Bilder an. Wie würden sich diese Personen vorstellen, wenn sie nach ihrem Beruf gefragt würden?

Je suis ...

1. ___________

2. ___________

3. ___________

4. ___________

5. ___________

6. ___________

7. ___________

8. ___________

12

Bon à savoir !
Folgende Wörter sind keine Eigennamen, werden aber trotzdem großgeschrieben:
Pâques – *Ostern*,
Noël – *Weihnachten*,
le Français – *der Franzose*

Was wird großgeschrieben? Im Französischen beginnen, bis auf einige Ausnahmen nur die Eigennamen mit einem Großbuchstaben. Personennamen und Städtenamen stehen ohne Artikel. Lesen Sie folgende Sätze und markieren Sie die Eigennamen.

Je te présente Susan. Elle vient de Londres.
Je m'appelle Mounir Belaoui. J'habite à Paris. Mes parents viennent du Maroc et je suis né à Casablanca. Mais j'habite en France depuis longtemps.

Handelt es sich jedoch um geographische Namen, geht dem Eigennamen der bestimmte Artikel vor.

Namen von Kontinenten: **l'Europe**, **l'Asie** ...
Ländernamen: **le Maroc**, **la France**, **les Etats-Unis** ...
Namen von Gegenden, Gebirgen, Flüssen: **la Normandie**, **les Alpes**, **la Seine** ...
Namen von Inseln: **la Corse**, **l'île de Ré** ...

Bei der Anrede benutzt man die Wörter **Monsieur** *(Herr)*, **Madame** *(Frau)* und **Mademoiselle** *(Fräulein)*.

13 TR. 05

Welche Staatsangehörigkeit haben diese Personen? Sehen Sie sich die Flagge an und schreiben Sie die Nationalität in die Lücke.
Falls Sie die Nationalitäten nicht kennen, finden Sie unten Hilfe. Die Sätze können Sie auch auf der CD hören.

Jane vient de New York, c'est une ______________ .

Caroline vient de Zurich, c'est une ______________ .

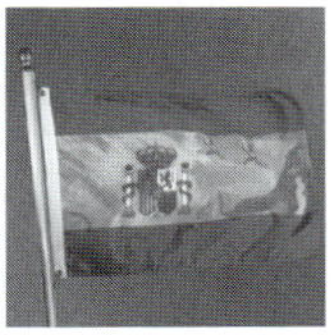

Pablo vient de Madrid, c'est un ______________ .

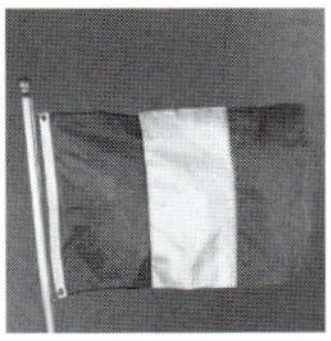

Laura et Teresa viennent de Rome,

ce sont des ______________ .

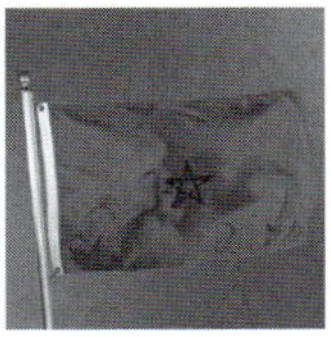

Les parents de Mounir viennent de Casablanca.

Ce sont des ______________ .

les Etats-Unis – *die USA* – **l'Américain/e** – *der/die Amerikaner/in*
la Suisse – **die Schweiz** – **le/la Suisse** – *der/die Schweizer*
l'Espagne – *Spanien* – **l'Espagnol/e** – *der/die Spanier/in*
l'Italie – *Italien* – **l'Italien/ne** – *der/die Italiener/in*
le Maroc – *Marokko* – **le/la Marocain/e** – *der/die Marokkaner/in*

14

Sehen Sie sich folgende Wortgruppen an. Pro Gruppe hat sich ein Wort eingeschlichen, das ein anderes Geschlecht hat als die anderen, also das einzige ist, das entweder männlich oder weiblich ist. Aber Vorsicht! Die Substantive können auch im Plural stehen!

1. v**in**
   - a. pa**in**
   - b. from**age**
   - c. bagu**ette**

2. pomm**es**
   - a. orang**es**
   - b. anan**as**
   - c. banan**es**

3. vél**os**
   - a. voit**ures**
   - b. tra**ins**
   - c. bat**eaux**

4. mant**eau**
   - a. rob**e**
   - b. chemis**e**
   - c. chauss**ure**

5. chi**enne**
   - a. Paris**ienne**
   - b. ch**atte**
   - c. dent**iste**

6. journal**isme**
   - a. journ**al**
   - b. entrepr**ise**
   - c. employ**é**

15

Verbinden Sie die Nationalitäten links mit den deutschen Übersetzungen rechts.

1. le Chinois	a. *die Mexikanerin*
2. l'Algérie	b. *Russland*
3. les Belges	c. *die Algerierin*
4. la Russie	d. *der Chinese*
5. l'Algérienne	e. *Mexiko*
6. la Mexicaine	f. *das Arabische*
6. le Mexique	g. *Algerien*
7. l'arabe	h. *die Belgier*

1

Schreiben Sie die weibliche Form der Begriffe in die Lücken!

1. un ami ____________________
2. un employé ____________________
3. un professeur ____________________
4. un photographe ____________________
5. un musicien ____________________

2

Sehen Sie sich die Begriffreihen an. Nur ein Begriff passt zu dem jeweiligen Bild.

- a. un étudiant
- b. des étudiants
- c. une étudiante

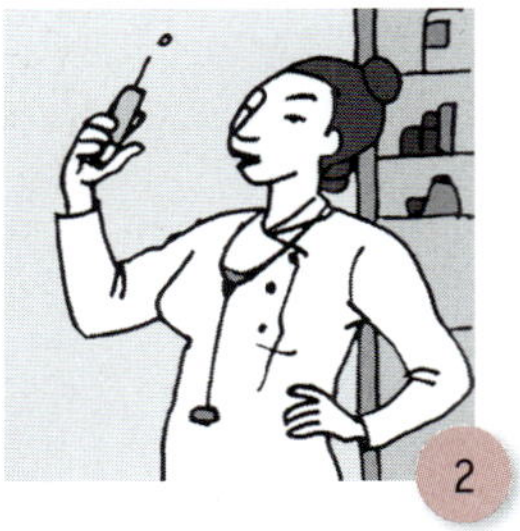

- a. un médecin
- b. une femme médecin
- c. des médecins

- a. une cuisinière
- b. un cuisinier
- c. un jardinier

- a. des Chinoises
- b. des Portugaises
- c. des Anglaises

- a. des serveurs
- b. une serveuse
- c. un serveur

- a. un photographe
- b. une photographe
- c. des photographes

Singular · Plural / Berufe

3

Schreiben Sie die Pluralform der Begriffe in die Lücken.

1. animal ____________
2. bureau ____________
3. bar ____________
4. Anglais ____________
5. Portugaise ____________
6. joueur de tennis ____________

4

Finden Sie das Wort, das thematisch nicht zu den anderen passt.
Die Fragen können Ihnen helfen!

1. Welches Wort bezeichnet kein Land?
   - a. la France
   - b. la Seine
   - c. la Chine
   - d. la Belgique

2. Welches Wort ist keine allgemeine Anrede?
   - a. Monsieur
   - b. Mademoiselle
   - c. Mounir
   - d. Madame

3. Welches Wort bezeichnet keinen Beruf?
   - a. une musicienne
   - b. une Parisienne
   - c. une professeur
   - d. une danseuse

4. Welches Wort bezeichnet kein Land?
   - a. le Maroc
   - b. la Belgique
   - c. les Etats-Unis
   - d. les Alpes

1 TR. 06

Lesen Sie die Sätze, in denen die verschiedenen Formen des Verbs **être** *(sein)* versteckt sind. Ordnen Sie die Sätze den entsprechenden Bildern zu. Wenn Sie möchten, können Sie sich die Sätze auf der CD anhören.

1. ____________________

2. ____________________

3. ____________________

4. ____________________

5. ____________________

6. ____________________

a. Vous êtes Monsieur …? b. Tu es gentil! c. Elle est fatiguée.
d. Ils sont journalistes e. Je suis Mounir f. Nous sommes joyeux!

2

Hier lesen Sie, was verschiedene Menschen gerne in ihrer Freizeit tun. Am Verb **aimer** *(mögen)* können Sie die verschiedenen Verbformen für die verschiedenen Personen beobachten. Hinter dem Verb **aimer** steht jeweils das Verb in der Grundform (Infinitiv), das beschreibt, was die Personen gerne tun.

1. J'aim**e** nager.
2. Tu aim**es** faire du ski.
3. Elle aim**e** danser.
4. Nous aim**ons** jouer du piano.
5. Vous aim**ez** aller au cinéma.
6. Ils aim**ent** jouer au tennis.

Bon à savoir !

Das Verb **aimer** heißt nicht nur *lieben*, sondern auch *mögen*. Die Redewendung **aimer + faire qc** bedeutet *etwas gerne tun*, wie im Beispiel:
J'aime nager.
Ich schwimme gerne.

3

Bon à savoir !

Will man eine oder mehrere Personen siezen, verwendet man die Höflichkeitsform **vous**, z. B. **Vous êtes le chef.** *Sie sind der Chef.* Diese Form entspricht genau der 2. Person Plural **vous êtes** – *ihr seid.*

In der Alltagssprache wird **nous** oft durch **on** ersetzt, z. B. **On est à la maison.** *Wir sind zu Hause.*

Versuchen Sie mit Hilfe der Illustration rechts, die richtigen Verbformen auszusuchen. Schreiben Sie sie in die Lücken. Die Verbformen können Sie auch auf der CD hören.

1. Je ________________ Marie.
2. Tu ________________ gentil.
3. Nous ________________ médecins.

Das Verb **être** wird gebraucht:

- zur allgemeinen Bezeichnung einer Person: **Je suis Mounir.**
- für eine innere / äußere Beschreibung: **Pierre est fatigué/ joli.**
- zur Angabe der Herkunft: **Tu es Français.**
- zur Angabe des Berufes: **Ils sont journalistes.**
- zur Angabe des sozialen Standes: **Nous sommes mariés** *(verheiratet)*.
- zur Angabe der Uhrzeit / der Tageszeit: **Il est deux heures / midi.**

4

Das Verb **avoir** wird unregelmäßig gebildet. Sehen Sie sich die Illustration rechts an und ergänzen Sie folgende Sätze mit der richtigen Verbform! Die Verbformen können Sie auch auf der CD hören!

Bon à savoir !

Der Ausdruck **il y a**, der die 3. Person Singular von **avoir** enthält, bedeutet *es gibt / ist / sind.*

Il y a des oranges sur la table. – *Auf dem Tisch sind Orangen.*
Il y a un problème. – *Es gibt ein Problem.*

1. Pierre et Caroline *a / ont / avons* faim.
2. S'il vous plaît, Monsieur, est-ce que vous *a / ont / avez* l'heure?
3. Catherine et moi, nous *a / avons / as* trente ans.

Das Verb **avoir** wird verwendet:

- zur Angabe des Besitzes: **J'ai un chien.**
- zur Angabe einer Zugehörigkeit: **Ils ont deux enfants.**
- zum Ausdruck von Empfindungen: **Vous avez faim / froid?**
- zur Angabe des Alters: **Tu as quel âge? J'ai trente ans.**

5

Welche dieser Wörter sind Verbformen von **être**, welche von **avoir**? Ergänzen Sie die Lücken.

être: ______________________________

avoir: ______________________________

es – avons – as – est – sommes – suis – ont – êtes – sont – ai

> **Bon à savoir !**
> Um etwas zu benennen, zu beschreiben oder jemanden vorzustellen, benutzt man **c'est / ce sont**:
> **C'est beau!**
> *Das ist schön!*
> **C'est un chien.**
> *Das ist ein Hund.*
> **C'est Caroline.**
> *Das ist Caroline.*
> **Ce sont mes chaussures.**
> *Es sind meine Schuhe.*

6 TR. 09

Verben im Präsens:
Im Französischen gibt es drei regelmäßige Verbgruppen. Ein Verb besteht aus einem Wortstamm und einer Endung.

Die Verben der ersten Gruppe enden auf **-er**, die Verben der zweiten Gruppe auf **-ir**:

parler – Stamm **parl-** + Endung **-er**,
finir – Stamm **fin-** + Endung **-ir**.

Sehen Sie sich die Konjugationen beider Verbgruppen in der Tabelle an (Sie können sie auch auf der CD hören) und konjugieren Sie die unten angegebenen Verben nach dem gleichen Muster.
Achten Sie darauf, dass bei den Verben der 2. Gruppe (**-ir**) die drei Personen im Plural ein doppeltes **-ss-** zwischen Wortstamm und Endung aufweisen!

> **Bon à savoir !**
> Viele französische Verben lassen sich der ersten Gruppe (**-er**) zuordnen.
>
> Weitere häufige Verben der zweiten Gruppe sind: **agir** – *handeln*, **choisir** – *wählen*, **grandir** – *wachsen*, **réfléchir** – *nachdenken*, **réussir** – *gelingen*.

je	parl	**– e**
tu	parl	**– es**
il/elle	parl	**–e**
nous	parl	**– ons**
vous	parl	**– ez**
ils/ elles	parl	**–ent**
je	fini	**– s**
tu	fini	**– s**
il/elle	fini	**– t**
nous	fini – ss	**– ons**
vous	fini – ss	**– ez**
ils/elles	fini – ss	**– ent**

danser *(tanzen)*: ____________

choisir *(wählen)*: ____________

7

Hier sehen Sie, was verschiedene Personen nach der Arbeit machen. Lesen Sie die Aussagen / Fragen unten und ordnen Sie sie den richtigen Bildern zu. Achten Sie auf die Verbformen.

1. ____________

2. ____________

3. ____________

4. ____________

5. ____________

6. ____________

a. elle joue du violon   b. vous restez à la maison?
c. ils écoutent de la musique   d. nous jouons au tennis
e. je réfléchis   f. tu regardes la télé?

8 TR. 10

Marie, Mounir und Susan haben Hunger! Sie überlegen zuerst, wohin sie gehen wollen, später – im Restaurant angekommen – bestellt jeder etwas. Lesen Sie die beiden Dialoge, wenn Sie möchten, können Sie sie auch auf der CD hören!

Marie: Il est 13 heures. J'ai faim, et vous?
Mounir: Oui, nous aussi, nous avons faim.
Marie: Vous aimez la cuisine chinoise?
Susan: Oh oui, moi, j'aime beaucoup manger chinois!
Marie: Il y a un restaurant tout près d'ici…

Le serveur: Bonjour, qu'est-ce que vous mangez?
Marie: Je choisis le plat du jour, le poulet au basilic.
Susan: Euh … Nous réfléchissons encore…
Le serveur: Réfléchissez tranquillement, vous avez le temps!
Marie: Oh non, il faut choisir vite, s'il vous plaît! J'ai faim, moi!

Bon à savoir !
Will man niemanden direkt ansprechen (aus Höflichkeit), eine Äußerung indirekt oder unpersönlich lassen, benutzt man die Wendung **il faut** + Infinitiv. Im Text will Marie höflich sein und sagt **Oh non, il faut choisir vite…** *Wir müssen / Ihr müsst schnell wählen…*

9 TR. 11

Unter den Verben der ersten Gruppe gibt es einige, die zwar regelmäßige Endungen haben, im Wortstamm aber Besonderheiten aufweisen.

- Verben auf **-eter**, **-ener**, **-ever**, **-érer**: wie bei **acheter** *(kaufen)* (siehe Tabelle), **amener** *(bringen)*, **emmener** *(mitnehmen)*, **lever** *(erheben)*, **préférer** *(bevorzugen)* und **espérer** *(hoffen)* werden Schreibweise und Aussprache verändert.
- Verben auf **-eler**: wie bei **appeler** *(rufen)* (siehe Tabelle): Ein **e** ist nur in der 3. Person Plural hörbar.

j'	ach**è**te	j'	appe**ll**e
tu	ach**è**tes	tu	appe**ll**es
il / elle / on	ach**è**te	il / elle / on	appe**ll**e
nous	ach**e**tons	nous	appe**l**ons
vous	ach**e**tez	vous	appe**l**ez
ils / elles	ach**è**tent	ils / elles	appe**ll**ent

Die Konjugationen können Sie auch auf der CD hören!

- Verben auf **-ger** und **-cer**: wie bei **manger**, **bouger** *(sich bewegen)*, **nager**, **changer**, **échanger** *(tauschen)*, **commencer** *(beginnen)* oder **avancer** *(vorankommen)*: die erste Person Plural verändert sich, es wird ein **e** bzw. die **Cédille ç** hinzugefügt. Die Aussprache verändert sich jedoch nicht!
- **je mange – nous mangeons / je commence – nous commençons**

Bon à savoir !
Die **Cédille** ist ein besonderes Aussprachezeichen im Französischen. Sie bewirkt, dass man das **c** auch dann als **s** ausspricht, wenn darauf die Vokale **a**, **o** oder **u** folgen, wie z. B. **français**.

10

Ordnen Sie die Verbformen entsprechend der Ordnung in der Konjugation, d. h. entsprechend der Abfolge **je / tu / il / nous / vous / ils**.

1. sommes – suis – sont – êtes – est – es

___

2. ai – as – a – avons – avez – ont

___

3. pense – penses – pense – pensez – pensons – pensent

___

4. agis – agit – agis – agissent – agissez – agissons

___

11

In diesen Sätzen wurden die Leerzeichen vergessen! Schreiben Sie die Wörter wieder auseinander!

1. Ilestdeuxheures. ______________________
2. Lesenfantsontdeuxans. ______________________
3. Ilsnagentbien. ______________________
4. Nousaimonsskier. ______________________
5. Nouscommençonslefrançais. ______________________
6. Nouschoisissonsunplat. ______________________
7. Tuachètesunvélo. ______________________
8. Vousachetezdesgâteaux. ______________________

12 TR. 12

Im Französischen klingen mehrere Verbformen ähnlich oder gleich, da ihre Endungen bei der Aussprache oft nicht zu unterscheiden sind. Die Schreibweise lässt sich in diesem Fall nur aus dem Zusammenhang erschließen. Sehen Sie sich die Sätze an und wählen Sie die richtige Verbform aus. Wenn Sie möchten, können Sie sich die einzelnen Sätze auf der CD anhören.

1. Mon oncle et ma tante *habitent / habites / habite* à Paris.
2. Ma tante *s'appellent / s'appelle / s'appeler* Fatiha, elle *parle / parles / parlent* français et arabe.
3. Elle *sont / a / avez* un petit chien. Il *s'appellent / s'appelle / s'appeler* Gaston.
4. *C'a / ai / est* un caniche.
5. Thierry, *c'es / est / êtes* mon oncle.
6. Je l'*aime / aiment / aimes* vraiment bien.
7. Il *aime / aimez / aimes* le vin et il *mange / manges / mangent* souvent dans un restaurant.
8. Mais à Paris, il y *a / es / sont* beaucoup de restaurants, il faut *choisir / choisis / choisissent*!

13

Sehen Sie sich die Bilder an und wählen Sie die dazu passenden Beschreibungen, indem Sie die richtige Antwort ankreuzen.

1. ☐ a. elle danse
   ☐ b. il mange
   ☐ c. elle mange

2. ☐ a. ils travaillent
   ☐ b. ils nagent
   ☐ c. nous nageons

3. ☐ a. ils jouent
   ☐ b. elles jouent
   ☐ c. elle joue

4. ☐ a. elle finit
   ☐ b. elle réfléchit
   ☐ c. elle joue

5. ☐ a. il neige
   ☐ b. le soleil brille
   ☐ c. ils skient

6. ☐ a. ce sont des piscines
   ☐ b. c'est une piscine
   ☐ c. sept une piscine

14

Ce soir heißt *heute Abend*. Hier sehen Sie, wie man sagen kann, was man vorhat. Schreiben Sie die entsprechenden Verbformen im Präsens in die jeweiligen Lücken.

1. Ce soir, nous (manger) ________________ chinois, nous (avoir) ________________ déjà faim!
2. Ce soir, il faut (emmener) ________________ un manteau, tu (avoir) __________ toujours froid.
3. Ce soir, je (rester) ________________ à la maison, j'(avoir) _________ mal à la tête.
4. Ce soir, ils (regarder) ________________ la télé, il y (avoir) ________ un bon film.
5. Ce soir, nous (nager) ________________ dans la piscine, c'(être) __________ l'été!

15

Hier sehen Sie bekannte französische Sprichwörter, allerdings fehlen die Verben! Die Grundformen sind angegeben, schreiben Sie nun die passende Verbform in die Lücke!

1. Je (penser) ____________ donc je (être) ____________ .
2. Quand le chat (être) _________ sorti, les souris (danser) ___________ .
3. La nuit, tous les chats (être) ____________ gris.
4. Tu (manger) ____________ comme quatre.
5. Il (être) ____________ dans les nuages.

Übersetzungen der Sprichwörter:
1. *Ich denke, also bin ich.*
2. *Wenn die Katze aus dem Haus ist, tanzen die Mäuse.*
3. *Nachts sind alle Katzen grau: In der Nacht kann man niemanden/nichts deutlich erkennen.*
4. *Du isst soviel wie vier!*
5. *Er ist in den Wolken: nicht ganz bei der Sache, in Gedanken.*

16

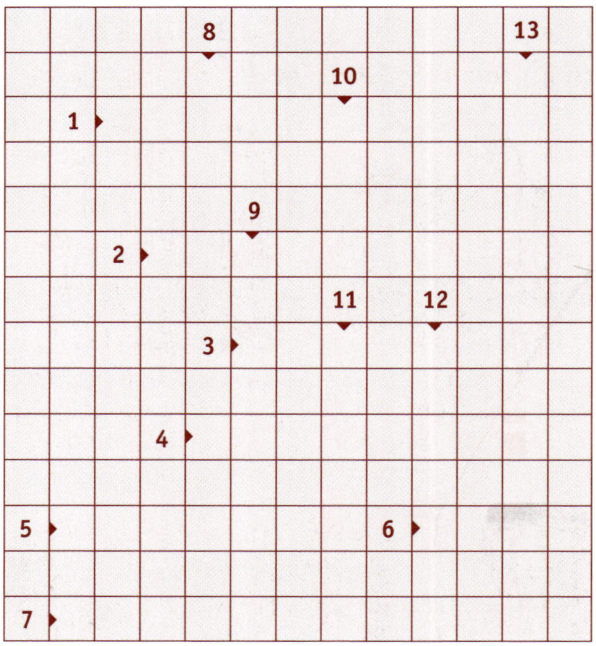

Waagerecht:
1. penser (tu)
2. finir (nous)
3. grandir (je / tu)
4. commencer (vous)
5. avoir (nous)
6. être (il, elle, on)
7. appeler (ils, elles)

Senkrecht:
8. avoir (ils, elles)
9. nager (nous)
10. être (je)
11. aimer (je / il, elle, on)
12. donner (ils, elles)
13. choisir (ils, elles)

Être** und **avoir

1

Vervollständigen Sie diese Sätze mit Verbformen von **être** oder **avoir**! Die Grundformen stehen in Klammern hinter jedem Satz.

1. Susan ___________ journaliste. (être)
2. Elle ___________ trente ans. (avoir)
3. Vous ___________ le chef! (être)
4. Vous ___________ faim? (avoir)
5. Il y ___________ un gâteau sur la table de la cuisine. (avoir)
6. Ce ___________ mes chaussures. (être)
7. C' ___________ la phrase numéro sept! (être)

2

Welche Sätze passen zu den Bildern? Kreuzen Sie das richtige Kästchen an.

1. ■ a. Il a faim.
   ■ b. Ils ont faim.
   ■ c. Elles ont faim.

2. ■ a. Nous avons un chien.
   ■ b. Nous sommes Autrichiens.
   ■ c. Vous êtes Autrichiens.

3. ■ a. Elle est fatiguée.
   ■ b. Il est fatigué.
   ■ c. Elles sont fatiguées.

4. ■ a. Il est minuit.
   ■ b. Il a une amie.
   ■ c. Il est midi.

5. ■ a. Il y a des oranges.
   ■ b. Elle a des oranges.
   ■ c. Il a deux oranges.

Verben

3

Vervollständigen Sie diese Sätze mit den passenden Formen von **danser** *(tanzen)* und **finir** *(beenden)*.

1. Nous aimons ______________ .
2. On ______________ le travail dans la semaine.
3. Thomas et Sophie ______________ de manger.
4. Mes parents ______________ bien.
5. Moi, je ______________ mal.
6. Il faut ______________ la leçon.

4

Wählen Sie die jeweils in den Satz passende Form des Verbs aus.

1. Mon oncle et ma tante *habitent / habites / habite* à Paris.
2. Ils *on / ont / sont* une fille de 30 ans.
3. Elle *s'appellent / s'appelle / s'appeler* Charlotte.
4. C'*est / es / ai* ma cousine.
5. Pierre *ai / es / est* mon cousin.
6. Je l'*aime / aiment / aimes* vraiment bien.

5

Wandeln Sie diese Sätze in Pluralformen um (**je** wird zu **nous**, **tu** zu **vous**, **il / elle** zu **ils / elles**).

1. Ce soir, je mange dans un restaurant. (nous)

____

2. Tu achètes beaucoup de CDs. (vous)

____

3. Elle appelle Pierre. (elles)

____

4. C'est un journaliste, il commence le travail. (ils)

____

5. Je commence le français. (nous)

____

1 TR. 13

Madame Duval hat vor, heute in die Stadt zu gehen. Davor überlegt sie, was sie besorgen will und wohin sie gehen muss. Ergänzen Sie die Lücken mit den passenden Wörtern. Die Sätze können Sie auch auf der CD hören.

1. D'abord, je vais chez le boulanger. Là, j'achète un ___________ .
2. Puis, je vais à la poste. A la poste, j'achète des ___________ pour poster une ___________ .
3. Après, je vais à la banque. Mais il me faut aussi des ___________ !
4. Je vais dans tous les ___________ !

a. pain   b. lettre   c. timbres   d. magasins   e. chaussures

2 TR. 14

Jetzt ist sie im Supermarkt. Lesen Sie, was sie braucht und ordnen Sie ihre Äußerungen den richtigen Bildern zu. Die Sätze können Sie auch auf der CD hören.

1. ___________

2. ___________

3. ___________

4. ___________

5. ___________

6. ___________

7. ___________

8. ___________

a. du dentifrice   b. de la limonade   c. des pommes   d. du café
e. un kilo de sucre   f. de l'eau   g. un paquet de thé   h. des oranges

> **Bon à savoir !**
> Bei Verallgemeinerungen wird der bestimmte Artikel verwendet – auch da, wo im Deutschen kein Artikel steht:
> **Il a le téléphone.** *Er hat (-)Telefon(-anschluss).*
> Wenn **homme** im Singular mit dem bestimmten Artikel **l'** steht, ist meist der Mensch gemeint und nicht der Mann!
> **Le chien est le meilleur ami de l'homme.** *Der Hund ist der beste Freund des Menschen.*

3

Der bestimmte Artikel wird verwendet, um eindeutig bestimmte oder allgemein bekannte Dinge oder Personen zu bezeichnen.

Formen:

Singular	männlich	**le**	**le soleil**, **le timbre**, **le monsieur**
	weiblich	**la**	**la lune**, **la dame**, **la boulangerie**
Plural	**les**		**les banques**, **les magasins**, **les hôtels**

Vor Vokal (**a**, **e**, **i**, **o**, **u**, **y**) und stummem **h** werden **le** und **la** zu **l'** (gesprochen „l apostrophe" verkürzt: **l'amour** (m), **l'eau** (f), **l'homme** (m)).

Wählen Sie den richtigen Artikel:

1. *le / la / l'* banque (f)
2. *le / la / l'* magasin (m)
3. *le / la / l'* eau (f)
4. *le / la / les* banques (pl)

4

Nun sind Sie dran. Wohin geht man häufig und was kann man dort einkaufen, wenn man Besorgungen machen muss? Schreiben Sie das Wort mit dem bestimmten Artikel **le – la – l' – les** in die Lücke unter das Bild.

1. ________ ____________

2. ________ ____________

3. ________ ____________

4. ________ ____________

5. ________ ____________

6. ________ ____________

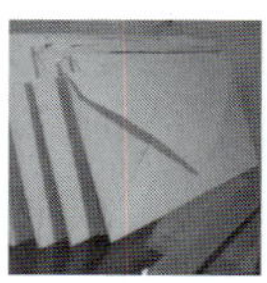

7. ________ ____________

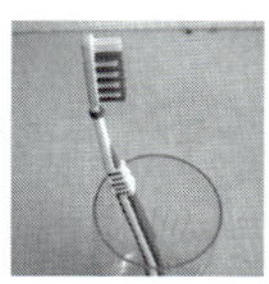

8. ________ ____________

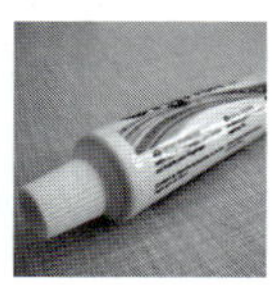

9. ________ ____________

10. ________ ____________

5

Ergänzen Sie die Lücken mit **le – la – l' – les**!

1. ______ matin, Madame Duval fait ______ courses.
2. Elle va à ______ banque, à ______ poste, à ______ épicerie.
3. Elle va dans ______ magasins du quartier.

Der bestimmte Artikel steht im Französischen immer

- vor geographischen Angaben: Ländernamen (**le Canada**, **la Chine**, **l'Espagne**), Kontinenten (**l'Europe**, **l'Asie**), Departements, Provinzen, größeren Inseln (**les Ardennes**, **la Normandie**, **la Corse**).
- nach den Verben **aimer**, **adorer**, **détester** und **préférer**:
  J'aime le fromage. Je déteste les mathématiques.

Bon à savoir !

Wenn der bestimmte Artikel vor einer Tageszeit / Zeitangabe steht, bedeutet das, dass sich die Handlung wiederholt.

Le matin, Madame Duval fait les courses.
Morgens kauft Frau Duval ein.

Le samedi, elle mange souvent au restaurant.
Samstags isst sie oft im Restaurant.

6 TR. 15

Mounir und Marie sind verabredet. Mounir kommt zu spät.
Lesen Sie den Dialog und markieren Sie die unbestimmten Artikel **un – une – des**! Den Dialog können Sie auch auf der CD hören!

Mounir: Salut, Marie …
Marie: Salut, Mounir, tu as une montre? Il est déjà dix heures!
Mounir: Oui, je suis désolé, mais un voisin … et puis le facteur …
Marie: Oui, oui, tu trouves toujours des excuses! Bon, on prend le prochain métro? Tu as un billet?
Mounir: Oui, j'ai un billet, mais j'ai aussi faim … je m'achète un petit pain au chocolat!
Marie: Ah, le petit-déjeuner! Bon d'accord mais vite, le métro part dans cinq minutes.
Mounir: Pas de problème, il y a une boulangerie juste là.
Mounir: Bonjour, je voudrais un petit pain au chocolat.
Le boulanger: Désolé, il n'y en a plus! Mais il y a des croissants, et aussi des sandwiches …
Mounir: Bon, alors, je voudrais un croissant!
Et une bouteille de jus d'orange, s'il vous plaît!
Marie: Vite, Mounir, il nous reste encore une minute!
Mounir: Une minute pour le petit-déjeuner, ça va!

7

Der unbestimmte Artikel wird gebraucht, um Personen und Dinge zu bezeichnen, die nicht näher bestimmt sind.

Formen:

Singular	männlich	**un**	**un ananas**
	weiblich	**une**	**une pomme**
Plural	**des**		**des oranges**

Im Plural hat der unbestimmte Artikel im Deutschen keine Entsprechung!

Je mange des oranges. *Ich esse (–) Orangen.*

8

TR. 16

Der Gebrauch des Teilungsartikels unterscheidet sich darin vom unbestimmten Artikel, dass hier ein unbestimmter Teil aus einer nicht zählbaren oder einer abstrakten Menge bezeichnet wird.

Formen:

Singular	männlich	**du**	**du sucre, du fromage**
	weiblich	**de la**	**de la farine, de la chance**
	vor Vokal zu **de l'** verkürzt		**de l'eau**

Wird dieser Teil aus einer unzählbaren Menge jedoch durch eine Mengenangabe erweitert, so verschwindet der Artikel und nur die Präposition **de** (bzw. **d'** vor Vokal) bleibt erhalten.

J'achète 500 grammes de fromage et une bouteille de vin.
Il a beaucoup de chance.
Il y a une bouteille d'eau dans le frigidaire.

Bon à savoir !

Einige andere Mengenangaben mit **de**

une bouteille – *eine Flasche*
une tasse – *eine Tasse*
un verre – *ein Glas*
un paquet – *ein Paket*
une cuillère – *ein Löffel*

und auch
un peu – *wenig*
beaucoup – *viel*
assez – *genug*
trop – *zuviel*
ziehen **de / d'** nach sich!

Sehen Sie sich rechts die Bilder an und ergänzen Sie folgende Sätze mit den richtigen Artikeln. Die Sätze können Sie auch auf der CD hören.

1. J'achète _____ pomme.

2. Il y a _____ farine sur la table.

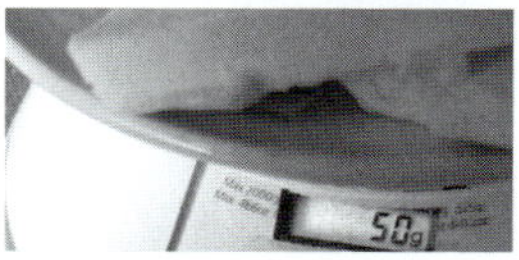

3. Ce sont 50 grammes _____ beurre.

9

Wenn Monsieur Dupont verreist ist, ist das eine ganz besondere Reise: Schreiben Sie die passenden bestimmten oder unbestimmten Artikel in die Lücken!

1. Monsieur Dupont habite sur _____ Côte d'Azur.
2. Il travaille dans _____ restaurant, comme chef cuisinier.
3. _____ été, il y a beaucoup de touristes – et beaucoup de travail!
4. Mais pour lui, _____ cuisine est déjà _____ voyage!
5. Il a _____ recettes françaises mais il aime aussi beaucoup _____ cuisines du monde.
6. Chaque jour, il y a _____ autre pays «à la carte». Le lundi, c'est _____ Chine, _____ mardi, _____ Espagne …

un – la – L' – un – la – des – un – les – le – la – l'

10

Madame Duval hat einen Brief an eine Freundin geschrieben und bringt ihn zur Post. Leider hat sie die Adresse vergessen und ihre Brille! Und zu allem Überfluss sind auch noch die Artikel aus dem Dialog verschwunden!

Mme Duval: Bonjour, je voudrais poster _____ lettre.

L'employée des postes: Oui, Madame. C'est _____ lettre pour _____ France?

Mme Duval: Non, pour _____ Etats-Unis!

L'employée des postes: Et quelle est _____ destination précise?

Mme Duval: C'est _____ lettre à _____ amie!

L'employée des postes: D'accord, mais il manque _____ adresse! Il faut marquer _____ nom, _____ ville et _____ pays sur _____ enveloppe!

Mme Duval: Ah oui, c'est vrai, excusez-moi! Vous avez _____ stylo? Merci! Oh non! Où sont mes lunettes?

L'employée des postes: J'ai _____ idée, Madame. Vous me donnez _____ coordonnées et j'écris _____ adresse sur _____ enveloppe pour vous. Et voici _____ timbre pour _____ Etats-Unis!

Mme Duval: Alors maintenant on a tout _____ adresse et _____ timbre.

Bon à savoir !

Das, was man auf einen Brief schreibt, sind **les coordonnées** – *die persönlichen Daten*. Damit sind Name, Adresse, Telefonnummer und E-Mail-Adresse gemeint.

11 TR. 17

Mme Duval geht zur Bank, um Geld abzuheben, denn sie will Schuhe kaufen. Lesen Sie den Dialog und ergänzen Sie die Lücken mit dem richtigen Artikel. Den Dialog können Sie auch auf der CD hören.

1. **Mme Duval:** Bonjour, je voudrais acheter _____ chaussures
2. **Employé:** Je sui désolé, Madame, mais ici, c'est _____ banque et non pas un magasin de chaussures!
3. **Mme Duval:** Oui, bien sûr, jeune homme, mais il me faut _____ l'argent pour acheter les chaussures, n'est-ce pas?
4. **Employé:** Ah, d'accord, vous voulez retirer _____ somme de votre compte!
5. **Mme Duval:** Oui, j'ai _____ compte ici.
6. **Employé:** Bon, alors, il faut _____ nom et _____ numéro de compte.
7. **Mme Duval:** D'accord, je m'appelle Francine Duval et le numéro de compte, c'est ... c'est ... hmm ... ah voilà, j'ai _____ carte de crédit. Mais quel est le numéro ... Où sont mes lunettes ... Ah, _____ lunettes, je cherche toujours les lunettes ...
8. **Employé:** Donnez-moi _____ carte, Madame, c'est mieux.
9. **Mme Duval:** Ah, très bien, merci, vous êtes vraiment _____ personne très aimable. Vous voulez _____ chocolat?
10. **Employé:**Oui, merci, pourquoi pas, j'aime _____ chocolat!

12

Sie sind im Flugzeug und die Stewardess bietet Ihnen etwas an.
Ergänzen Sie die Lücken in Ihren Antworten mit den unten vorgeschlagenen Begriffen:

a. une bouteille
b. un verre
c. un peu

1. Vous voulez de la limonade? Non, merci, je voudrais _________________ de jus de fruits.
2. Vous voulez de l'eau gazeuse? Non, merci, je préfère _________________ d'eau plate.
3. Vous voulez du thé? Non, merci, pour moi, _________________ de café.

13

Hier ist das Rezept, um Crêpes zu machen! Markieren Sie die richtigen Artikel.

Pour (1) *une / un / la* pâte à crêpes, il faut (2) *la / de la / de l'* farine, (3) *de / le / du* lait, deux œufs, 10 grammes (4) *des / de / du* beurre et un peu (5) *des / de / du* sel. On mélange (6) *les / la / du* farine et (7) *la / de la / les* œufs. Puis on ajoute (8) *les / le / le* autres ingrédients. (9) *Le / De la / La* pâte est prête! On prépare (10) *le / les / de* crêpes à la poêle. Bon appétit!

14

Schreiben Sie die Teilungsartikel hinter den Mengenangaben in die Lücken. Dort, wo keine Angaben vor der Lücke stehen, handelt es sich um unbestimmte Mengen!

1. 200 grammes ____ beurre

2. beaucoup ____ sucre

3. ____ farine

4. un peu ____ sel

5. ____ œufs

15

Welches Bild passt zu welcher Menge? Schreiben Sie die Mengen unter die Bilder!

1. ____________

2. ____________

3. ____________

4. ____________

5. ____________

6. ____________

7. ____________

8. ____________

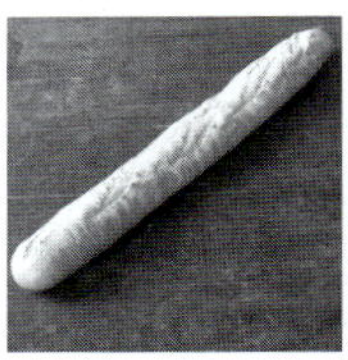

9. ____________

10. ____________

11. ____________

12. ____________

a. du café b. un paquet de café c. une tasse de café
d. une cuillère de café e. du beurre f. un verre de bière
g. deux cafés h. un verre de vin i. une baguette
j. des baguettes k. du vin l. de la baguette

1

Sehen Sie sich die Bilder an und schreiben Sie den passenden Begriff in die Lücke.

1. ________________ 2. ________________ 3. ________________

4. ________________ 5. ________________ 6. ________________

a. la poste b. un supermarché c. l'eau
d. le journal e. une épicerie f. des lettres

2

Vervollständigen Sie die Sätze mit **le / la / l' / les** oder **un / une / des**.

1. Madame Duval est ________ personne aimable.
2. Elle voudrait poster ________ lettre à ________ amie.
3. Elle aime acheter ________ chaussures.
4. Et elle a toujours ________ bonbons pour ________ employés.
5. Mais elle cherche toujours ________ lunettes dans son sac.

Artikel · Mengen

3

Schreiben Sie die fehlenden bestimmten oder unbestimmten Artikel in die Lücken.

1. ● Bonjour, est-ce que vous avez ______ pommes?
2. ○ Bien sûr! J'ai ______ pommes italiennes, ______ pommes françaises…
3. ● Ah, j'aime bien ______ pommes italiennes! ______ kilo, s'il vous plaît…
4. ○ Bien. Et avec ça? ______ bananes? ______ oranges?
5. ● Non, merci, je n'aime pas ______ oranges, mais je voudrais ______ ananas …

4

Lesen Sie die Begriffe und kreuzen Sie das dazugehörige Bild an.

1. une baguette

a.  ☐
b.  ☐
c. 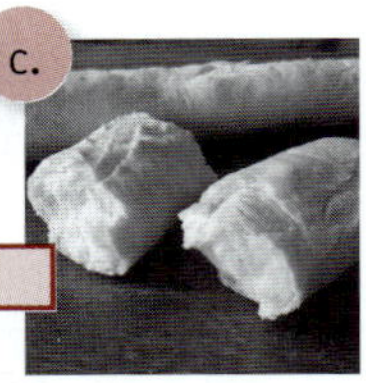 ☐

2. un peu de vin

a.  ☐
b.  ☐
c. 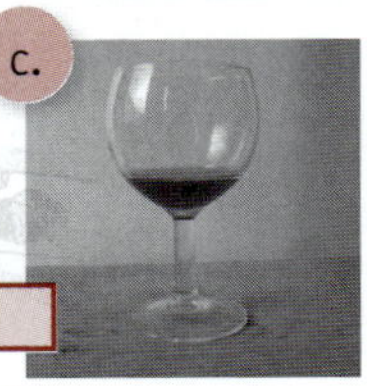 ☐

3. des fromages

a.  ☐
b. 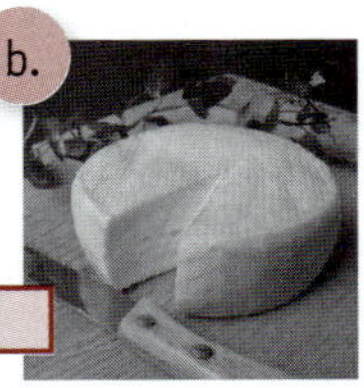 ☐
c. 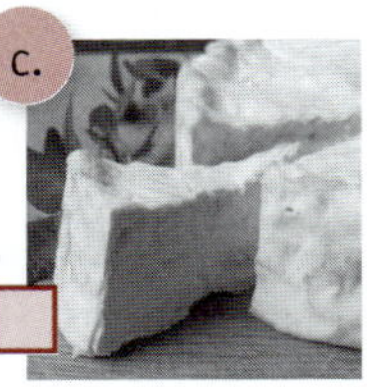 ☐

4. 50 grammes de farine

a.  ☐
b. 

☐
c. 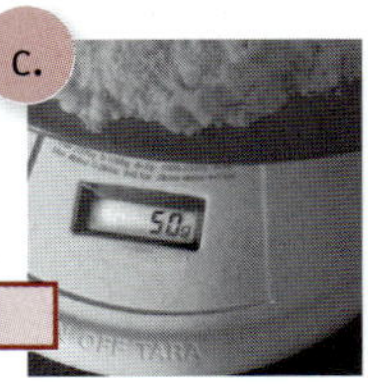

☐

1 TR. 18

Madame Colin will in den Urlaub fliegen. Sie packt ihren Koffer. Lesen Sie, was sie mitnimmt und achten Sie auf die Begleiter **ce – cette – cet – ces**. Sie weisen auf einen Gegenstand hin, den Mme Colin ausgesucht hat. Die Sätze können Sie auch auf der CD hören.

1. J'emmène ce maillot de bain.
2. J'emmène ce pantalon.
3. J'emmène cette robe.
4. J'emmène cet appareil photo.
5. J'emmène ces tee-shirts.
6. J'emmène ces lunettes de soleil.

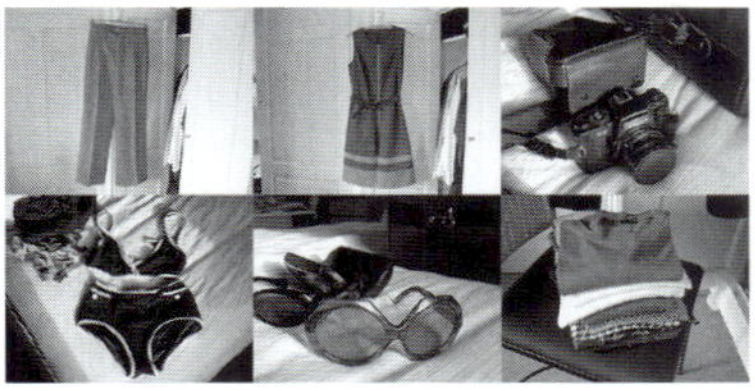

2

Sehen Sie sich Mounir in seinem Zimmer an. Er will mit seiner Tante in den Urlaub fliegen, aber er hat verschlafen! Es bleibt ihm nur noch eine halbe Stunde, um seine Sachen zu packen! Marie holt ihn ab und hilft ihm bei der Suche! Verbinden Sie die richtigen Antworten von Marie mit seinen Fragen!

1. Où est mon maillot de bain?
2. Où est ma chemise?
3. Où sont mes livres?
4. Où est mon pull?
5. Où est ma crème solaire?

a. Ta chemise est sur le sol.
b. Ton pull est juste là!
c. Ta crème solaire est sous la chaise.
d. Tes livres sont sur la commode.
e. Ton maillot de bain est sur le lit.

3

Bon à savoir !

Zur Betonung und vor allem in der gesprochenen Sprache wird dem Substantiv häufig noch ein **-là** angefügt.

Je préfère ce pantalon-là. *Ich ziehe diese Hose (da-hier) vor.*

Ergänzen Sie folgende Lücken anhand der Tabelle.

1. J'emmène _________ tee-shirt.
2. J'emmène _________ chemise.

ce t-shirt	
cette chemise	
cet appareil	
ces chaussures	

Der Demonstrativbegleiter richtet sich nach einer bestimmten Person oder Sache, die sich in räumlicher Nähe zum Sprecher befindet oder kurz zuvor erwähnt wurde.

Singular	männlich	**ce**
	männlich	**cet** (vor Vokal oder stummem **h**)
	weiblich	**cette**
Plural		**ces**

Lesen Sie folgende Beispiele vor:

1. **Ce train va à Marseille.** *Dieser Zug fährt nach Marseille.*
2. **Cet appareil photo est pratique.** *Diese Kamera ist praktisch.*
3. **Cette route mène à la mer.** *Diese Straße führt zum Meer.*
4. **J'aimes ces chaussures.** *Ich mag diese Schuhe.*

4 TR. 19

Lesen Sie den Dialog im Reisebüro und wählen Sie die fehlenden, passenden Demonstrativbegleiter aus. Den Dialog können Sie auch auf der CD hören.

ces
cet
ce
ce
cette
ce

Client: Bonjour, je voudrais prendre un avion pour Nice mardi matin.

1. **Employé:** _______ avion est presque complet! Mais il y a encore des places en «classe affaires».
2. **Client:** Ah, mais _______ places sont chères. Est-ce qu'il y a un vol mardi après-midi?
3. **Employé:** Oui. Et pour _______ vol, j'ai encore des places économiques!
4. **Client:** Bon, alors, je préfère _______ solution!

   Employé: Et le retour?
5. **Client:** Pour _______ mercredi, s'il vous plaît.
6. **Employé:** Ah! Dans _______ cas, il y a une offre: moins 30 % pour les aller-retours en deux jours.

   Client: C'est parfait!

5

Dieser Flug und kein anderer! Manchmal will man einen ganz bestimmten Flug oder einen ganz bestimmten Platz. Schreiben Sie die passenden Demonstrativbegleiter vor die Wörter.

1. __________ avion
2. __________ place
3. __________ vol
4. __________ classe
5. __________ pilote
6. __________ ligne
7. __________ billet
8. __________ airbus

6 TR. 20

Lesen Sie die Beispiele zu den verschiedenen Zeitangaben. Worin könnte der Unterschied im Gebrauch des bestimmten Artikels **le – la – l' – les** oder des Demonstrativbegleiters **ce – cette – cet – ces** liegen? Die Sätze können Sie auch auf der CD hören.

Le matin, Mounir est fatigué. – Ce matin, Mounir part en vacances!
Le samedi, il travaille. – Ce samedi, il va à la plage.

Wir kennen bereits **le matin** *(morgens)* und **le samedi** *(samstags)*. Der bestimmte Artikel bedeutet vor einer Zeitangabe, dass sich die Handlung wiederholt.

Wenn ein Demonstrativbegleiter vor einer Zeitangabe steht, wird immer ein Zeitabschnitt des laufenden Jahres oder Tages bezeichnet.

ce matin *(heute Morgen)* – **cette année** *(dieses Jahr)* – **cet après-midi** *(heute Nachmittag)* – **ce soir** *(heute Abend)* – **ce samedi** *(diesen Samstag)*

7

Sehen Sie sich die französischen Sätze an und wählen Sie die korrekte Übersetzung!

1. Le soir, je ne travaille pas.

- ■ a. Heute Abend arbeite ich nicht.
- ■ b. Abends arbeite ich nicht.
- ■ c. An diesem Abend arbeite ich nicht.

2. Ce soir, il va au restaurant.

- ■ a. Heute Abend geht er ins Restaurant.
- ■ b. Abends geht er ins Restaurant.
- ■ c. An diesem Abend geht er ins Restaurant.

3. Cet été, nous nageons tous les jours.

- ■ a. Im Sommer schwimmen wir den ganzen Tag.
- ■ b. Es ist Sommer! Wir schwimmen den ganzen Tag.
- ■ c. Diesen Sommer schwimmen wir jeden Tag.

4. Cette année, nous restons à la maison.

- ■ a. Jedes Jahr bleiben wir zu Hause.
- ■ b. Nächstes Jahr bleiben wir zu Hause.
- ■ c. Dieses Jahr bleiben wir zu Hause.

5. Le samedi, on ne travaille pas.

- ■ a. Samstags wird nicht gearbeitet.
- ■ b. Am nächsten Samstag wird nicht gearbeitet.
- ■ c. An diesem Samstag wird nicht gearbeitet.

6. Ce matin, Mounir part en vacances.

- ■ a. Heute Morgen fährt Mounir in Urlaub.
- ■ b. Morgen fährt Mounir in Urlaub.
- ■ c. Jeden Morgen fährt Mounir in Urlaub.

8 TR. 21

Marie holt Mounir ab, um ihn zum Flughafen zu bringen. Bevor sie losfahren, prüft sie, ob er nichts vergessen hat! Lesen Sie den Dialog und achten Sie auf die Possessivbegleiter, die fett markiert sind. Den Dialog können Sie auch auf der CD hören.

Marie: Alors, Mounir, tu as tout?
Mounir: Euh, oui ... J'ai **mon** maillot de bain, **mes** lunettes de soleil, **ma** crème solaire...
Marie: Et **tes** affaires de toilette?
Mounir: Oui! **Mon** shampoing, **ma** brosse à dents, **mon** dentifrice...
Marie: Et là, sur la table, **ton** appareil photo!
Mounir: Non, je le laisse ici, Fatiha emmène **son** appareil et Thierry **sa** caméra!
Marie: Bon ... et tu as les billets?
Mounir: Ah, les billets ... attends ... Oui. Voilà **mon** billet ... et voilà **leurs** billets. Ça va, je suis prêt, je ferme juste **ma** valise ... Oh là là, **notre** avion part dans une heure!

Marie: Vous arrivez quand à Marseille?
Mounir: A 13 heures. Puis, on va directement à la plage!
Marie: Avec **vos** valises?!
Mounir: Mais non, bien sûr, nous emmenons **nos** affaires à l'hôtel! Bon, ça y est, **ma** valise est fermée. On y va!

Marie: Euh ... excuse-moi, Mounir, mais ces chaussures-là, sous **ton** lit...
Mounir: Quoi, quelles chaussures? Oh, non, ce n'est pas vrai, **mes** chaussures!

9

Sehen Sie sich an, wem die Objekte gehören. Mounir sagt es Ihnen:

1. C'est sa caméra! = la caméra de Thierry
2. C'est son appareil! = l'appareil de Fatiha
3. Ce sont leurs billets! = les billets de Thierry et Fatiha
4. Ce sont vos valises! = les valises de Mounir, Fatiha et Thierry

Bon à savoir !
Da das Geschlecht des Besitzers im Singular keine Rolle spielt, kann im Französischen nicht unterschieden werden zwischen:
seine Eltern – ihre Eltern **ses parents**
sein Hund – ihr Hund **son chien**

Wenn es nur einen Besitzer gibt, lauten die Possessivbegleiter

- bei einem Objekt:
  mon, **ton**, **son** bei männlichem Objekt
  ma, **ta**, **sa** bei weiblichem Objekt (Vor Vokal oder stummem **h** wird **ma**, **ta**, **sa** zu **mon**, **ton**, **son**!)
  mon appareil photo – ma brosse à dents – mon amie
- bei mehreren Objekten: **mes**, **tes**, **ses**
  mes billets et mes valises

Wenn es mehrere Besitzer gibt, lauten die Possessivbegleiter

- bei einem Objekt: **notre**, **votre**, **leur**
  Notre train part dans 30 minutes.
- bei mehreren Objekten: **nos**, **vos**, **leurs**
  Nous laissons nos affaires à l'hôtel!

10

Hier sagt jeder, was ihm gehört. Wandeln Sie die Sätze um, indem Sie das fett gedruckte Objekt durch das Objekt in Klammern ersetzen. Hier ein Muster:
C'est mon **oncle.** (tante) ▸ **C'est ma tante.**

1. C'est ma **valise.** (billet) ____________________
2. C'est ta **brosse à dents.** (dentifrice)____________________
3. Ce sont **tes lunettes de soleil.** (chaussures)____________________
4. C'est **mon avion.** (place) ____________________
5. C'est **son appareil-photo.** (tee-shirt) ____________________

11

Mounir, Fatiha und Thierry nehmen einiges mit in den Urlaub. Was genau das ist, sehen Sie auf den Bildern. Ergänzen Sie die Sätze mit den passenden Possessivpronomen und Substantiven!

1. Fahida et Thierry emmènent ________________.
2. Ils emmènent ________________.
3. Ils ont aussi ________________.
4. Le monsieur demande: « Vous avez ________________?»
5. Fatiha: «Mounir a ________________, mais ________________ part dans 30 minutes!

12 TR. 22

Lesen Sie die Begriffe und kreuzen Sie die richtige Übersetzung an. Manchmal sind mehrere Antworten richtig! Die Begriffe können Sie auch auf der CD hören!

1. sa voiture

■ a. dieser Wagen
■ b. sein Wagen
■ c. ihr Wagen

2. leur valise

■ a. ihr Koffer
■ b. ihre Koffer
■ c. sein Koffer

3. ses lunettes de soleil

■ a. seine Sonnenbrille
■ b. ihre Sonnenbrillen
■ c. ihre Sonnenbrille

4. votre appareil photo

■ a. Ihr Fotoapparat
■ b. unser Fotoapparat
■ c. euer Fotoapparat

5. ce soir

■ a. dieser Abend
■ b. heute Abend
■ c. sein Abend

13

Fatiha und Thierry, Mounirs Onkel und Tante, sind schon am Flughafen. Nur Mounir ist noch nicht da. Dabei hat er doch ihre Flugtickets! Tragen Sie den richtigen Possessivbegleitern in die Lücken ein!

1. Fatiha et Thierry sont à l'aéroport, avec _______ valises.
2. **Thierry:** Qu'est-ce qu'il fait, Mounir?_______ avion part dans une demi-heure!
3. **Fatiha:** Et il a _______ billets d'avion, en plus!
4. **Thierry:** Ah, le voilà! Avec _______ deux valises, c'est beaucoup pour une semaine!
5. **Mounir:** Salut, Thierry, salut, Fatiha! Excusez-moi de _______ retard!
6. **Fatiha:** Mais Mounir, tu emmènes toute _______ armoire?
7. **Mounir:** Mais non! C'est à cause de _______ chaussures!

14

Schreiben Sie die deutsche Übersetzung unter die französischen Bilder!

1. ___________

2. ___________

3. ___________

4. ___________

5. ___________

6. ___________

7. ___________

8. ___________

Demonstrativ- und Possessivbegleiter

1

Vervollständigen Sie die Sätze mit den passenden Demonstrativbegleitern.

1. A Marseille? Moi aussi, je prends _______ avion!
2. Vous faites souvent _______ voyage?
3. Oui! J'aime beaucoup _______ ville!

   Dans l'avion:
4. Bonjour, _______ place est libre?
5. Non, c'est la place de _______ monsieur.
6. Mais _______ deux places-là sont libres.

2

Beantworten Sie die Fragen mit „Ja" und den richtigen Possessivbegleitern!

1. C'est la valise de ce monsieur?

   Oui, c'est ______________________________.
2. Tu emmènes tes chaussures?

   Oui, ______________________________.
3. J'emmène mon pantalon?

   Oui, ______________________________.
4. Vous emmenez votre chien?

   Oui, ______________________________.
5. C'est l'avion de Mounir, Fatiha et Thierry?

   Oui, ______________________________.
6. Ils emmènent leurs lunettes?

   Oui, ______________________________.

Possessivbegleiter

3

Kreuzen Sie den passenden Satz zum jeweiligen Bild an.

1. 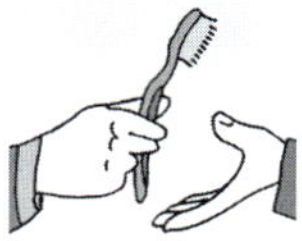

- a. Voilà ma brosse à dents.
- b. Voilà nos brosses à dents.
- c. Voilà ses brosses à dents.

2. 

- a. C'est notre voiture.
- b. Ce sont leurs voitures.
- c. Ce sont vos voitures.

3. 

- a. Vous emmenez mes lunettes de soleil?
- b. Vous emmenez vos lunettes de soleil?
- c. Vous emmenez vos chaussures?

4. 

- a. Mounir emmène ses lunettes de soleil.
- b. Mounir emmène sa chaussure.
- c. Mounir emmène ses chaussures.

4

Verbinden Sie die Begriffe mit ihrer jeweiligen Übersetzung.

1. *sein Koffer*	a. des valises
2. *dein Koffer*	b. ta valise
3. *ihre Koffer*	c. leurs valises
4. *ihr Koffer*	d. nos valises
5. *unsere Koffer*	e. sa valise
6. *ein Hotel*	f. notre hôtel
7. *dieses Hotel*	g. un hôtel
8. *unser Hotel*	h. cet hôtel
9. *euer Hotel*	i. son hôtel
10. *ihr Hotel*	j. votre hôtel

1 TR. 23

Julien ist Neuankömmling in einem Presseunternehmen. Er wird von einem Kollegen empfangen. Mathieu stellt sich selbst und seine Kollegen vor. Lesen Sie die Sätze und ordnen Sie die Pronomen den entsprechenden Sätzen zu. Die Sätze können Sie auf der CD hören.

1.  ________ m'appelle Mathieu.

2.  ________ s'appelle Raymond.

3.  Et ________, c'est Marie.

4.  ________ sommes collègues.

je – il – elle – nous – vous – ils – eux – tu

2 TR. 24

Nachdem sich alle bei dem neuen Mitarbeiter Julien vorgestellt haben, will er natürlich auch wissen, was jeder macht und was seine Aufgabe ist. Ergänzen Sie die Sätze mit den passenden Pronomen. Die Sätze können Sie auch auf der CD hören.

1. ________, c'est le directeur.
2. ________, c'est Susan, elle fait un stage.
3. Et ________, qu'est-ce que vous faites?
4. ________, je fais les interviews.
5. ________, Marie et Raymond, ils sont rédacteurs.
6. Et ________, tu es le nouveau photographe!

elle
moi
toi
eux
lui
vous

> **Bon à savoir !**
> Formen der Subjektpronomen:
> **je** *(ich)* – vor Vokal oder stummem **h** zu **j'** verkürzt
> **tu** *(du)*
> **il – elle – on**
> *(er – sie – man)*
> **nous** *(wir)*
> **vous** *(ihr – Sie)*
> **ils – elles** *(sie) (Plural)*
> Wenn es um Personen beider Geschlechter im Plural geht, wählt man **ils**!

3

Sehen Sie sich die Bilder an und ergänzen Sie die Sätze mit den passenden Pronomen!

1. ______ appelle une collègue.

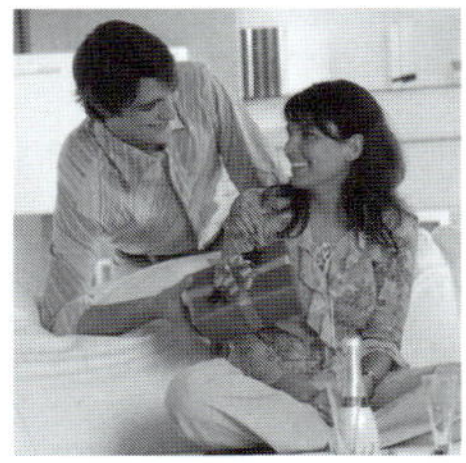

2. ______ es gentil!

3. ______ téléphone.

4. ______ sommes joyeux!

5. ______ êtes Monsieur?

6. ______ sont journalistes.

4

In Juliens Presseunternehmen gibt es einige Mitarbeiter, die ursprünglich aus anderen Gebieten Frankreichs stammen. Lesen Sie den ersten Satz und wählen Sie im zweiten Satz die richtigen Pronomen aus.

1. Marie est Française. *Je / Elle / Elles* est de Rouen.
2. Yann est Français. *Je / Ils /Il* est de Grenoble.
3. Je suis Français. *Je / Il / Elle* suis de Perpignan.
4. Christine et Marc sont Français. *Nous / Ils / Il* sont de Paris.
5. Jeanne et Gaëlle sont Françaises. *Nous / Elles / Elle* sont de Lyon.
6. Je suis Français, et ma femme Mathilde aussi.
   Nous / Vous / Ils sommes de Perpignan.

5

Im Französischen gibt es außer den unbetonten Personalpronomen auch betonte Personalpronomen. Die Formen finden Sie rechts in der **Bon à savoir** Box.

Die betonten Pronomen werden verwendet, wenn sie „frei" im Satz, also nicht direkt vor dem Verb stehen, z. B.

- um jemanden vorzustellen:
  Lui, c'est Raymond. *Das ist Raymond.*
- zur Hervorhebung und bei Gegensätzen
  Moi, je fais les interviews, et lui, il est rédacteur.
  Ich mache die Interviews und er ist Redakteur.
- nach den Wendungen **c'est** und **ce sont**
  Le chef, c'est vous! *Sie sind der Chef!*
- nach Präpositionen und in Verbindung mit **et** oder **ou**
  Je travaille avec eux au bureau. *Ich arbeite mit ihnen im Büro.*
  Lui et moi, nous sommes amis. *Er und ich, wir sind Freunde.*
- in Sätzen ohne Verb
  Qui prend du vin? Pas moi! *Wer möchte Wein? Ich nicht!*

Bon à savoir !

Formen der betonten Personalpronomen:

moi
toi
lui – elle
nous
vous
eux – elles

6

Julien versucht, in seiner neuen Firma eine Musikgruppe zu gründen. Er hat schon zwei Personen gefunden und fragt ein wenig herum, wer welches Instrument spielen könnte. Sehen Sie hier einige Sätze aus Juliens Umfrage und schreiben Sie die passenden betonten Personalpronomen in die Lücken!

1. Nous cherchons des musiciens pour jouer avec _______ .
2. _______ , je joue du piano.
3. _______ , elle joue du violon.
4. _______ , il joue de la guitare et il chante.
5. Et _______ , tu aimes la musique?
6. Et _______ , vous jouez d'un instrument?

7 TR. 25

Marie, Susan und Mounir wollen heute Abend ausgehen. Die Frage ist nur, wohin? Sie haben nämlich nicht dieselben Vorlieben. Ein Passant, der die Unterhaltung mitgehört hat, gibt ihnen einen Tipp.

Vervollständigen Sie dieses Gespräch, indem Sie die richtigen Pronomen in die richtigen Lücken schreiben.
Die Sätze können Sie auch auf der CD hören.

Susan:	_______, Marie, _______ aimes le jazz.
Marie:	Mounir, _______, _______ aime le rap.
Susan:	Et _______, j'aime la techno.
Marie:	Où allons-_______ ce soir, alors?
Un inconnu:	_______ pouvez aller au café «Harmonie»?
	Là-bas, ils jouent toutes les musiques!

moi – lui – toi – il – tu- vous – nous

8

Lesen Sie die Sätze und achten Sie darauf, wodurch im ersten Satz der Name Julien und im zweiten die Namen Marie und Raymond ersetzt werden.

Mathieu présente Julien. ▸ Mathieu le présente.
Mathieu présente Marie et Raymond ▸ Mathieu les présente.

Die direkten Objektpronomen bezeichnen Dinge und Personen im Satz, die nicht handeln, sondern als Objekt auftreten. Sie entsprechen im Satz der Frage *wen* oder *was?*

Je mange la pomme ▸ Je la mange.

Die Formen der direkten Objektpronomen finden Sie rechts in der Gut zu wissen Box.

Beachten Sie die Formen der dritten Person: Verwechseln Sie nicht die Formen **le – la – l' – les** mit den Artikeln **le – la – l' – les**. Die Formen können entweder für Personen oder Sachen stehen:

Je regarde Marie. ▸ Je la regarde.
Je regarde la photo. ▸ Je la regarde.

Bon à savoir !

me – m' – *mich*
te – t' – *dich*
le – l' – *ihn*
la – l' – *sie*
nous – *uns*
vous – *euch*
les – *sie, Sie*

Sie stehen im Satz
- vor dem Verb, auch bei der Verneinung:
  Je mange les gâteaux – Je ne les mange pas.
- vor dem Infinitiv, wenn in einem Satz ein Infinitiv auf ein Verb folgt:
  Je voudrais bien les manger.

9

In diesen Sätzen fehlen die direkten Objektpronomen. Schreiben Sie die passenden Pronomen in die Lücken, indem Sie die fett markierten Wörter ersetzen.

1. J'ai des **lettres**. Je _______ poste.
2. Où est mon **manteau**? Tiens, _______ voilà!
3. J'aime bien cette **photo**, je _______ regarde souvent.
4. J'aime bien ces **chaussures**, je _______ achète.
5. **Tu** me donnes ton numéro de téléphone? Je _______ appelle ce soir.

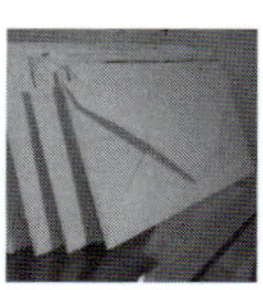

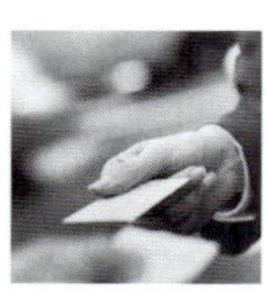

10

Lesen Sie die Sätze und achten Sie darauf, wodurch im ersten Satz der Name Mathieu und im zweiten die Namen Mathieu und Marie ersetzt werden.

Julien donne la main à Mathieu. ▸ Julien lui donne la main.
Julien donne la main à Mathieu et Marie. ▸
Julien leur donne la main.

Die indirekten Pronomen bezeichnen die Personen im Satz, die nicht handeln, sondern als „Objekt" auftreten. Sie entsprechen im Satz der Frage *wem?* oder *was?* und ersetzen präpositionale Objekte mit **à**:

Je donne la lettre à Susan. ▸ Je lui donne la lettre.

Die Formen der indirekten Pronomen finden Sie links in der Gut zu wissen Box.

lui und **leur** stehen im Gegensatz zu den direkten Objektpronomen nur für Personen! Für andere Präpositionalgruppen mit **à** benutzt man das Pronomen **y**:

Je pense au week-end. ▸ J'y pense.

Die indirekten Objektpronomen stehen:

- vor dem Verb, auch bei der Verneinung:
  Je lui parle. Je ne leur parle pas.
- vor dem Infinitiv, wenn in einem Satz ein Infinitiv auf ein Verb folgt:
  J'aime leur parler.

Bon à savoir !

me – *mir*
te – *dir*
lui – *ihm* – *ihr*
nous – *uns*
vous – *euch*
leur – *ihnen*

Vorsicht! Die Form der 3. Person Singular ist die gleiche für weibliche und männliche Personen. Der Kontext ermöglicht es, die Bedeutung zu erschließen.
Je téléphone à Susan. Je lui téléphone. Je téléphone à Mounir. Je lui téléphone.

11

Mathieu erzählt über sich und seine Freundin in Rouen. Ergänzen Sie die Lücken mit den richtigen direkten oder indirekten Objektpronomen!

1. J'habite à Paris et ma copine Sophie à Rouen, mais je _______ téléphone souvent.
2. C'est cher, mais je _______ appelle quand même tous les soirs!
3. Sophie a un petit frère, je _______ trouve drôle.
4. Il fait toujours des bêtises, mais toute la famille _______ aime bien.
5. Je _______ donne souvent des gâteaux, alors il m'adore!
6. Les parents de Sophie, je _______ trouve aussi super sympas. Ils _______ invitent souvent.
7. Je _______ amène souvent du vin, ils adorent ça! Toute la famille _______ aime bien!

Bon à savoir !

Einige Verben, die im Französischen ein indirektes Objekt haben, entsprechen im Deutschen Verben, die mit einem direkten Objekt konstruiert werden:
Il lui demande son nom. *Er fragt ihn nach seinem Namen.*
Il leur téléphone. *Er ruft sie an.*
Und umgekehrt: Einige französische Verben werden im Gegensatz zum Deutschen mit direkten Objekten konstruiert:
Marc aide son frère. Il l'aide. *Marc hilft seinem Bruder. Er hilft ihm.*

12

Das Pronomen **y** ersetzt im Satz Konstruktionen mit **à**, das Pronomen **en** Konstruktionen mit **de**.

Schreiben Sie die passenden Pronomen **y** oder **en** in die Lücken:

1. Il parle de son travail. Il _____ parle.
2. Je pense au week-end. J'_____ pense.
3. Vous achetez des bananes? Oui, nous _____ achetons.
4. Tu es au bureau? Oui, j'_____ suis.

y steht im Satz anstelle von:

- präpositionalen Gruppen mit Verb + **à**
  Je pense au week-end. J'y pense.
- Ortsangaben mit **à**, bzw. **dans**, **sur**, **chez** oder anderen Präpositionen
  Tu restes au bureau ce soir? Oui, j'y reste.
  Tu es chez toi? Oui, j'y suis.

en steht anstelle von:

- präpositionalen Gruppen mit Verb + **de**
  Il parle de son travail. Il en parle.
- Konstruktionen mit unbestimmtem Artikel, Teilungsartikel oder einer Mengenangabe
  Tu as une voiture? Oui, j'en ai une, Pierre en a deux.
  Tu prends du sucre? Oui, j'en prends.
  Tu as un peu de farine pour faire des crêpes? Oui, il en faut seulement 100 grammes.
- Ortsangaben mit **de**
  Tu viens d'Allemagne? Oui, j'en viens.

Bon à savoir !

Wenn in einer Konstruktion mit **à** oder **de** Personen bezeichnet werden, werden diese nicht mit **y** oder **en** ersetzt.
Wenn auf **à** eine Person folgt, wird diese durch das indirekte Objektpronomen ersetzt:
Il parle à sa mère. Il lui parle.
oder man benutzt die Präposition **à** + betontes Personalpronomen (**moi, toi …**)
Je pense à Marie. Je pense à elle.
Wenn auf **de** eine Person folgt, ersetzt man diese meist durch die Präposition **de** + betontes Personalpronomen:
Il parle de Raymond. Il parle de lui.

13

Schreiben Sie die Sätze mit einem Adverbialpronomen in die Lücken. Ersetzen Sie dabei die hervorgehobenen Wortgruppen durch das Pronomen **y** oder **en**.

1. Marc et Marion sont **au bureau.** ____________________
2. Demain, je reste **à la maison.** ____________________
3. Nous mangeons **de la tarte aux pommes.** ____________________
4. Il pense toujours **à son travail.** ____________________
5. J'ai besoin **de nouvelles chaussures.** ____________________
6. Il y a encore **des places.** ____________________

Bon à savoir !

Merken Sie sich diese Redewendungen mit **y** und **en**, sie sind nicht einfach aus dem Deutschen zu übersetzen, dafür aber sehr häufig und sehr nützlich!
Ça y est. *Es ist so weit.*
On y va! *Auf geht's!*
Il y a … *Es gibt …*
Il y en a … *Es gibt davon …*
Je n'en peux plus! *Ich kann nicht mehr!*

14

Diese Sätze sind durcheinander geraten. Bringen Sie die Wörter wieder in die richtige Reihenfolge!

1. la / Nous / trouvons / jolie / . ______________________
2. moi / avec / Il / la télé / regarde / . ______________________
3. téléphonent / te / Ils / souvent / . ______________________
4. lui / il / donne / la main. ______________________
5. parle / Elle / lui / à / . ______________________
6. à / Vous / eux / pensez / . ______________________
7. Je / voudrais / en / manger / . ______________________
8. Tu / à la maison/ restes? / J' / reste / y / Oui, ______________________

15

Julien will seinen Einstand in der neuen Firma feiern und hat sich überlegt, für seine Kollegen eine **Mousse au chocolat** zu machen. Seine Frau Mathilde wird ihm dabei helfen, einkaufen gehen soll er aber selbst. Mathilde fragt, was schon da ist und was noch besorgt werden muss. Ergänzen Sie die Antworten Juliens nach dem Muster:

Tu manges la mousse au chocolat? Oui, je la mange.

1. Tes collègues, ils aiment la mousse au chocolat?

   Bien sûr, ils ________ aiment.

2. Alors, tu as le chocolat?

   Oui, je ________ ai.

3. Tu achètes aussi le beurre?

   Oui, je ________ achète demain.

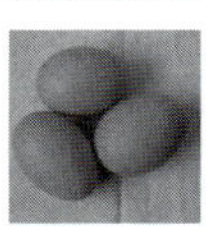

4. Et tu penses à acheter les œufs?

   Oui, j'________ pense.

5. Et le sel? Nous avons du sel?

   Mais oui, Mathilde, nous ________ avons encore beaucoup!

1

Schreiben Sie die fehlenden Pronomen in die Lücken!

1. Marc et moi, ________ mangeons au restaurant.
2. Marc et ________, vous avez de la chance.
3. Moi, cet après-midi, ________ reste au bureau.
4. Mais ce soir, je regarde un film à la télé, vous le regardez avec ________?
5. Mes cousins m'invitent souvent à manger chez ________.
6. Mais Marc, ________, il n'a jamais le temps le soir.
7. Et Marie? Tu penses qu'________ a le temps?

2

Beantworten Sie diese Fragen mit **Oui, ...** , und bilden Sie die Antwort nach dem Schema: **Marie achète les chaussures? Oui, Marie les achète.**

1. Marie est là? ________________________
2. Il appelle Marie? ________________________
3. On téléphone à Marie? ________________________
4. Est-ce que Thierry et Fatiha sont là? ________________________
5. Est-ce qu'il appelle Thierry et Fatiha? ________________________
6. On téléphone à Thierry et Fatiha? ________________________

3 TR. 26

Lesen Sie die Sätze und unterstreichen Sie das richtige Pronomen im zweiten Teil jedes Satzes. Sie können sich die Sätze dann noch einmal anhören, wenn Sie möchten.

1. Nous habitons à Marseille. Nous *y* / — / *en* habitons.
2. Elle travaille en Angleterre. Elle *y* / — / *en* travaille.
3. Nous achetons du lait. Nous *y* / — / *en* achetons.
4. Je voudrais un paquet de thé. J'*y* / — / *en* voudrais.
5. Il y a trop de voitures. Il y *y* / — / *en* a trop.
6. Nous pensons à acheter du lait. Nous *y* / — / *en* pensons.

Pronomen

4

Wählen Sie die richtige Antwort auf die Frage bzw. die richtige Zusammenfassung der Aussage und kreuzen Sie das richtige Kästchen an.

1. Marie et Susan sont à Paris?
   - a. Oui, elle y est.
   - b. Oui, ils y sont.
   - c. Oui, elles y sont.

2. On appelle Thierry et Mounir?
   - a. Oui, on l'appelle.
   - b. Oui, on les appelle.
   - c. Oui, ils les appellent.

3. Tu manges ta pomme?
   - a. Oui, je le mange.
   - b. Oui, je la mange.
   - c. Oui, je les mange.

4. Il reste du chocolat?
   - a. Oui, il en reste.
   - b. Oui, il y reste.
   - c. Non, je n'y reste pas.

5. Tu restes au bureau ce soir?
   - a. Non, je n'y reste pas.
   - b. Oui, il en reste.
   - c. Oui, nous y restons.

6. Raymond parle toujours de son travail.
   - a. Il lui parle toujours.
   - b. Il en parle toujours.
   - c. Il parle toujours de lui.

7. Je pense souvent à Caroline et Pierre.
   - a. J'y pense souvent.
   - b. Je pense souvent à eux.
   - c. Ils pensent souvent à eux.

8. Nous parlons de notre nouveau chef.
   - a. Nous en parlons.
   - b. Nous parlons de lui.
   - c. Nous lui parlons.

9. Il parle de sa voiture.
   - a. Il parle d'elle.
   - b. Il en parle.
   - c. Il lui parle.

1

Sehen Sie sich das Foto von Frau Duvals Hochzeit an und lesen Sie die Sätze, die das Foto beschreiben. Achten Sie auf die Adjektive und ihre verschiedenen Formen!

1. Mme Duval a des roses rouges dans les mains.
2. La dame à gauche porte une robe rouge et un chapeau rouge.
3. La dame à côté de Mme Duval porte un chapeau vert et des chaussures vertes.
4. La voiture des mariés est verte.
5. Les mariés sont devant une petite église.
6. A gauche, on voit un petit chien.
7. A droite, des petits enfants ont des petites fleurs.

2 TR. 27

Madame Duval zeigt ihr Hochzeitsfoto (siehe oben) ihrer Enkelin Marie. Lesen Sie ihre Beschreibungen und ordnen Sie ihnen die richtigen Kurzbeschreibungen zu. Die Aussagen von Mme Duval können Sie auch auf der CD hören.

1. Regarde, Marie comme nous sommes jeunes sur la photo, Jean et moi!
2. Moi, je suis petite.
3. Lui, il est grand.
4. Sa sœur, Julie, est très grande!
5. Regarde, son mari, Pierre, il est vraiment petit.
6. Et mon père, il est vraiment heureux!
7. Ma mère est heureuse aussi.
8. Mais Mme Moulin est très triste!
9. Sa robe est rouge comme son nez, mais quelle couleur pour une robe!

■ a. Il est grand.	■ b. Elle est grande.	■ c. Je suis petite.
■ d. Il est petit.	■ e. Elle est triste.	■ f. Nous sommes jeunes.
■ g. Il est heureux.	■ h. Elle est heureuse.	■ i. Son nez est rouge.

Bon à savoir !

Besondere Adjektivänderungen in der weiblichen Form

-er ▸ -ère
cher, chère
-et ▸ -ète
discret, discrète
-g ▸ gue
long, longue
-c ▸ -que
public, publique
-f ▸ -ve
actif, active
-el ▸ -elle
naturel, naturelle
-il ▸ -ille
gentil, gentille
-en ▸ -enne
européen, européenne
-on ▸ -onne
bon, bonne
-os ▸ -osse
gros, grosse
-eux ▸ -euse
heureux, heureuse
-eur ▸ -euse
rêveur, rêveuse
-teur ▸ -trice
conservateur, conservatrice

Bon à savoir !

Unveränderbare Adjektive:

- aus zusammengesetzten Wörtern: **bon marché**
- Kürzungen, umgangssprachliche Formen: **super, chic**
- Farbadjektive, die aus Substantiven abgeleitet wurden: **marron, orange**

3

Adjektive dienen der Beschreibung und Kennzeichnung einer Sache oder einer Person und beziehen sich oft auf ein Substantiv, ein Subjektpronomen oder einen Eigennamen und richten sich in Zahl und Geschlecht nach ihm.

- männlich / weiblich: männliche Form + **-e** ▸ weibliche Form
  grand, grande – bleu, bleue
  Endet die männliche Form auf **-e** bleibt die weibliche unverändert: **rouge**, **rouge**.
  In der Bon à savoir Box finden Sie Adjektive, die Besonderheiten bei der Bildung der weiblichen Form aufweisen.
- Singular / Plural: Singular + **-s** (unhörbar).
  intelligent, intelligents – grand, grands
  Endet die männliche Singularform schon auf **-s** oder **-x**, bleibt die Pluralform unverändert: **heureux**, **heureux**

Füllen Sie die Lücken mit den richtigen Endungen aus!

1. Il est grand. Elle est grand____. Ils sont grand____
2. Il est blond. Elle est blond____. Ils sont blond____.
3. Je suis heureux. Elle est heureu____. Ils sont heureu____.

4

Die Adjektive **beau**, **nouveau** und **vieux** weisen Besonderheiten auf.
Singularformen: Vor Konsonanten: **beau**, **nouveau**, **vieux**,
vor Vokal / stummen **h**: **bel**, **nouvel**, **vieil**.
Männliche Pluralformen: **beaux**, **nouveaux**, **vieux**.
Weibliche Pluralforment: **belles**, **nouvelles**, **vieilles**.

Marie und ihre Großmutter zeigen Ihnen nützliche Sätze, um zu sagen, wo man wohnt. Schreiben Sie die richtigen Formen des jeweiligen Adjektivs in die Lücken!

1. J'habite dans un __________ quartier, j'ai un __________ appartement dans une __________ maison. (vieux, vieille, vieil)
2. Moi, j'habite dans un __________ quartier, j'ai un __________ appartement dans une __________ maison. (nouvel, nouvelle, nouveau)
3. En fait, j'habite dans un __________ quartier, j'ai un __________ appartement dans une très __________ maison! (beau, belle, bel)

5

Welche Adjektive sind männlich, welche sind weiblich? Schreiben Sie sie in die richtige Spalte der Tabelle!

männlich	weiblich

a. vieille – b. gros –
c. heureuse – d. belle –
e. gentille – f. longue –
g. nouvel – h. bel –
i. blanc – j. conservatrice –
k. publique

6 TR. 28

Madame Duval ist im Schuhgeschäft, in dem Mounir, ein Freund ihrer Enkelin Marie, arbeitet. Lesen Sie den Dialog und markieren Sie alle Adjektive, die direkt vor einem Substantiv stehen. Den Dialog können Sie auch auf der CD hören.

Mounir: Bonjour Madame, je peux vous aider?
Mme Duval: Bonjour! Je voudrais acheter de nouvelles chaussures…
Mounir: Vous avez une idée précise?
Mme Duval: Ah, je voudrais de belles chaussures… et surtout confortables!
Mounir: Oui, c'est important! Qu'est-ce que vous pensez de cette paire rouge et blanche?
Mme Duval: Hmm… je préfère les couleurs discrètes! Ces chaussures noires, elles sont jolies… Mais elles sont trop grandes, j'ai de petits pieds, moi! Je fais du 36 ou du 37.
Mounir: Bon, je vais chercher les deux tailles.

Mounir: Voilà, Madame!
Mme Duval: Merci, jeune homme… Mais maintenant je voudrais ces chaussures jaunes!
Mounir: Mais… le jaune, ce n'est pas très discret, Madame!
Mme Duval: Ce n'est pas grave! C'est l'été! Combien est-ce qu'elles coûtent?
Mounir: 59 Euros…
Mme Duval: Oh là là… La vie est chère, aujourd'hui!
Mounir: Mais pour deux paires de chaussures, on fait une petite réduction! 70 Euros pour les deux paires, la noire et la jaune!
Mme Duval: Oh, vous êtes gentil! C'est un bon prix. Je suis très contente!

Bon à savoir !
Bei einigen Adjektiven ändert sich die Bedeutung je nachdem, ob sie vor oder hinter einem Substantiv stehen! Dieser Unterschied gilt vor allem für Lebewesen.
un homme grand – *ein groß gewachsener Mann*
un grand homme – *ein großartiger Mann*
un homme pauvre – *ein armer, mittelloser Mann*
un pauvre homme – *ein bedauernswerter Mann*
un appartement cher – *eine teure Wohnung*
ma chère amie – *meine teure, liebe Freundin*

Die Regel:
Adjektiv hinter dem Substantiv = konkreter Sinn
Adjektiv vor dem Substantiv = abstrakte Bedeutung

7

Es gibt viele Sorten Schuhe! Schreiben Sie die passenden Übersetzungen zu den unteren Sätzen. Die Farbadjektive finden Sie unten im Kasten.

1. schwarze Schuhe ____________________
2. rote Schuhe ____________________
3. orange Schuhe ____________________
4. grüne Schuhe ____________________

noir – *schwarz*	**bleu** – *blau*	**blanc** – *weiß*	**marron** – *braun*
rouge – *rot*	**orange** – *orange*	**vert** – *grün*	

8

Stellung des Adjektivs im Französischen:

- meistens hinter dem Substantiv
  une couleur discrète – des chaussures noires
- kurze und häufig gebrauchte Adjektive (**grand**, **gros**, **petit**, **jeune**, **vieux**, **bon**, **mauvais**, **beau**, **joli**, **nouveau**): vor dem Substantiv
  une petite maison – un beau jardin
- durch Verb verbunden: auch in diesem Fall wird das Adjektiv dem Substantiv angeglichen!
  Marie est gentille.

Schreiben Sie das richtige Adjektiv in die entsprechende Lücke!

1. Vous avez une idée ____________________?
2. Ces chaussures ____________________, elles sont jolies…
3. Bonjour, je voudrais acheter de ____________________ chaussures.
4. C'est un ____________________ prix.

a. noires – b. nouvelles – c. bon – d. précise

9

Diese Sätze sind durcheinander geraten. Bringen Sie sie wieder in die richtige Reihenfolge.

1. cherche / nouvelles / Madame Duval / chaussures / de.

___

2. chaussures / et / rouges / blanches / des / Il y a.

___

3. préfère / Madame Duval / petites / les / noires / chaussures.

___

4. sont / Elles / discrètes / élégantes / et.

___

5. jaune / aussi / Il y a / jolie / une / paire.

___

10 TR. 29

Um die Menge von Personen und Dingen zu beschreiben, benutzt man die Zahladjektive.

Grundzahlen von 0 – 20: Lesen Sie die Zeilen, die Fatiha für Sie gedichtet hat und achten Sie auf die Zahlen.
Un, deux, trois, Fatiha c'est moi! (1, 2, 3)
Quatre, cinq, six, Thierry aime le pastis. (4, 5, 6)
Sept, huit, neuf et dix, moi, je préfère le cassis. (7, 8, 9, 10)

Thierry hat für die Zahlen von 11 bis 20 weitergemacht:
Onze, douze, treize, Mounir mange des merguez. (11, 12, 13)
Quatorze, quinze, seize, c'est une spécialité française. (14, 15, 16)
Dix-sept, dix-huit, dix-neuf et vingt – mais non! C'est marocain! (17, 18, 19, 20)

Grundzahlen von 20 – 99, 100 und 1000:
Sehen Sie sich die Bezeichnungen für die Zehner an und lesen Sie sie laut vor:
20 **vingt**, 30 **trente**, 40 **quarante**, 50 **cinquante**
60 **soixante**, 70 **soixante-dix**, 80 **quatre-vingts**, 90 **quatre-vingt-dix**
100 **cent**, 1000 **mille**

Das Gedicht sowie die einzelnen Zahlen können Sie auch alle auf der CD hören!

Bon à savoir !

Die Zahl **un, une** richtet sich im Geschlecht nach dem Substantiv, dies gilt für alle Zahlen mit **un, une:**
un tee-shirt, une robe
vingt-et-une disquettes

Die Zahlen von 70 bis 79 und von 90 bis 99 werden nicht mit den Ziffern von 1 bis 9 gebildet, sondern mit den Zahlen ab 10:
70 **soixante-dix,**
71 **soixante et onze,**
72 **soixante-douze …**
91 **quatre-vingt-onze,**
94 **quatre-vingt-quatorze,** 99 **quatre-vingt-dix-neuf …**

Bei 21, 31, 41, 51, 61, 71 kommt zwischen Zehner und Einer ein **et:**
21 **vingt et un**
41 **quarante et un**
Bei 81, 101 und 1001 folgen die Einer direkt, ohne **et:**
81 **quatre-vingt-un**
101 **cent un**
1001 **mille un**

> **Bon à savoir !**
> Bei Datumsangaben werden die Grundzahlen verwendet:
> **le 14 juillet**
> **le 31 décembre**
> Nur beim ersten Tag des Monats verwendet man die Ordnungszahl:
> **le 1er janvier.**

11

Sehen Sie sich das Bild an: Welcher Läufer kommt als Wievielter ins Ziel? Ordnen Sie die Läufernummern den Ordnungszahlen zu!

1. ______________________________,
   c'est le numéro 6.
2. ______________________________,
   c'est le numéro 2.
3. ______________________________,
   c'est le numéro 41.

a. le deuxième – b. le premier – c. le troisième

> **Bon à savoir !**
> Weitere Besonderheiten:
> - Vor Ordnungszahlen sowie vor Grundzahlen gibt es keine Apostrophe!
>   **le – la huitième, le – la onzième**
> - Zur Zahl 1 gibt es eine männliche und eine weibliche Form: **le premier – la première.** Sie kann aber nicht mit anderen Zahlen verbunden werden, deshalb: **le – la vingt-et-unième**
> - Die Ordnungszahlen werden nicht mit einem Punkt geschrieben, sondern mit einem **-e:** 2**e**, 45**e**..., Sonderform: 1**er**, 1**ère**

Ordnungszahlen dienen dazu, einzelne Teile aus einer Reihenfolge aufzuzählen. Sie werden gebildet, indem man die Endung **-ième** an die jeweilige Grundzahl anhängt und den bestimmten Artikel vor das Zahlwort stellt:
le – la sixième, **le – la quarante-huitième**, **le – la centième**
Besonderheiten: **le – la quatrième**, **le – la cinquième**, **le – la neuvième**

12

Waren Sie schon einmal in Paris? Da die Stadt sehr groß ist, wird sie in Bezirke, die **arrondissements**, geteilt. Sehen Sie sich den Plan von Paris an und streichen Sie die Aussagen durch, die nicht stimmen.

1. Paris a trente arrondissements.
2. Le premier arrondissement est au centre.
3. La Tour Eiffel est dans le treizième arrondissement.
4. Notre-Dame est dans le cinquième arrondissement.
5. La Seine passe dans le dix-septième arrondissement.
6. Le Louvre est dans le onzième arrondissement.

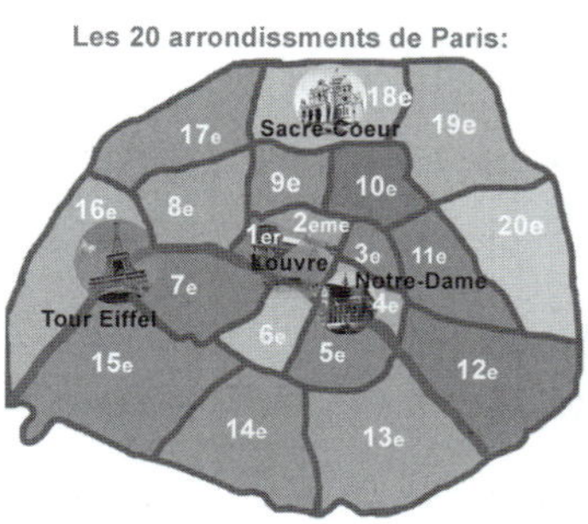

13

Marie ist neugierig, ob ihre Großmutter nun neue Schuhe gekauft hat oder nicht, und sie braucht die Telefonnummer eines **Chocolatiers**. Lesen Sie das Telefongespräch und wählen Sie jeweils das richtige Adjektiv!

1. Allo Mamie? Alors, tu as de *nouvel / nouvelles / nouvelle* chaussures maintenant?
2. Oui, j'ai deux paires, une paire *noir / noires / noire* et une paire jaune…
3. Et c'est une *bon / bonne / bonnes* affaire! Merci de tes *bon / bons / bonne* conseils!
4. Je suis *content / contente / contents* pour toi! Moi aussi, il me faut un *petit / petite / petits* conseil…
5. … je voudrais acheter des chocolats, est-ce qu'il y a une *bon / bonne / bonnes* chocolaterie dans ton quartier?
6. Oui, il y en a une très bonne mais un peu *cher / chère / chers* boulevard Lacroix!
7. Tu as leur adresse *précis / précise / précises*?
   Euh, oui, c'est 42, boulevard Lacroix. Et leur numéro de téléphone, c'est le 01-43-82-11-14.

Bon à savoir !
In Frankreich haben die Telefonnummern 10 Zahlen:
- die ersten zwei geben Auskunft über die Region: 01 = Paris und Umgebung,
- die folgenden Zahlen werden dann in Zweiergruppen ausgesprochen,
- 01 40 80 71 23 **«zéro un, quarante, quatre-vingts, soixante et onze, vingt-trois»**.

14

Marie hat auch zwei deutsche Freundinnen, sie erzählt ihrer Großmutter von ihnen. Schreiben Sie die richtigen Adjektive in die Lücken, achten Sie auf ihre richtige Form und ihren richtigen Platz!

1. Tanja et Julia sont ___________ filles ___________. (deux – allemand)
2. Elles sont de ___________ amies. (vieux)
3. Tanja est ___________, elle a de ___________ yeux ___________.
   (blond, bleu, grand)
4. Son copain s'appelle Jean-Pierre, il est ___________. (Français)
5. C'est un ___________ homme… et il est si ___________! (beau, gentil)
6. Julia, elle, est ___________ et ___________ et elle aussi a un copain en France. (petit, blond)
7. Il est aussi très ___________. Pour lui rendre visite, elle fait de ___________ voyages. (sympa, long)
8. Elle aime beaucoup les ___________ vacances! (grand)

15

Hier sehen Sie viele Redewendungen und Titel mit Adjektiven. Ordnen Sie ihnen ihre richtige Übersetzung zu!

1. Jamais deux sans trois.	a. *Rotkäppchen*
2. les grandes vacances	b. *die gelben Seiten*
3. le petit chaperon rouge	c. *die Achterbahn*
4. le quatorze juillet	d. *Alle guten Dinge sind drei.*
5. la Maison Blanche	e. *der 14. Juli / die Revolution*
6. le septième ciel	f. *die Sommerferien*
7. les Verts	g. *das Weiße Haus*
8. le premier janvier	h. *der siebte Himmel*
9. les Pages jaunes	i. *Neujahr*
10. le grand huit	j. *die Grünen / die Grüne Partei*

16

Schreiben Sie die Zahl unter das jeweilige Bild.

1. ______________________ 2. ______________________

3. ______________________ 4. ______________________

1

Verwenden Sie dasselbe Adjektiv aber achten Sie darauf, es in der passenden Form zu schreiben und an das Substantiv anzugleichen!

1. un homme pauvre, des femmes ________________
2. le premier janvier, la ________________ année
3. une femme rêveuse, un enfant ________________
4. des gros messieurs, une ________________ valise
5. un long pull, une ________________ robe
6. des grandes maisons, un ________________ appartement
7. un nouveau vélo, des ________________ voitures

2

Lesen Sie die Aussagen und entscheiden Sie, welchem Bild sie entsprechen!

1. Il est vert.

■ a. ■ b. ■ c.

2. les pages jaunes

■ a. ■ b. ■ c.

3. Il y a trois livres rouges.

■ a. ■ b. ■ c.

4. Les Dupont habitent au soixante-et-onze.

■ a. ■ b. ■ c.

5. Je vais au quatrième.

■ a. ■ b. ■ c.

Adjektive / Zahlen

3

In diesen Sätzen wird etwas verneint und das Gegenteil behauptet. Schreiben Sie das inhaltlich entgegengesetzte Adjektiv in der passenden Form!

1. Cette voiture n'est pas nouvelle, elle est ____________.
2. Mon professeur n'est pas vieux, il est ____________.
3. Ce film n'est pas bon, il est ____________.
4. Ces lunettes de soleil ne sont pas bon marché, elles sont ____________.
5. Les enfants de Julien ne sont pas petits, ils sont ____________.

4

Hier finden Sie Zahlen, die noch nicht ausgeschrieben sind oder ausgeschriebene Zahlen, wo die Ziffern fehlen. Ergänzen Sie die Lücken!

Beispiel: **5 ▸ cinq** **vingt-trois ▸ 23**

a. 18 ▸ ____________	k. vingt-huit ▸ ________
b. 36 ▸ ____________	l. quatre-vingt-quinze ▸ ________
c. 14 ▸ ____________	m. treize ▸ ________
d. 6 ▸ ____________	n. dix ▸ ________
e. 78 ▸ ____________	o. quarante-sept ▸ ________
f. 55 ▸ ____________	p. soixante-douze ▸ ________
g. 11 ▸ ____________	q. cent ▸ ________
h. 0 ▸ ____________	r. deux ▸ ________
i. 68 ▸ ____________	s. seize ▸ ________
j. 80 ▸ ____________	t. trente-neuf ▸ ________

1 TR. 30

Marie bringt gerade Mounir zum Flughafen. Zufällig treffen sie Susan auf dem Parkplatz. Lesen Sie das Gespräch zwischen Mounir, Marie und Susan und markieren Sie alle Formen des Verbs **aller**! Den Dialog können Sie auch auf der CD hören!

Susan: Salut vous deux, vous allez bien?
Mounir + Marie: Oui, nous allons bien, et toi?
Susan: Ça va!

Susan: Tu pars en vacances, Mounir?
Mounir: Oui, je vais en vacances avec mon oncle et ma tante.
Susan: Et vous allez où?
Marie: Ils vont à Marseille!

2

Unter den französischen Verben sind viele unregelmäßig. Sehen Sie sich die verschiedenen Konjugationen an und lassen Sie sie auf sich wirken. Viele Formen klingen gleich!

1. **dormir** –
   je dors, tu dors, il dort, nous dormons, vous dormez, ils dorment
2. **sortir** –
   je sors, tu sors, il sort, nous sortons, vous sortez, ils sortent
3. **vouloir** –
   je veux, tu veux, il veut, nous voulons, vous voulez, ils veulent
4. **devoir** –
   je dois, tu dois, il doit, nous devons, vous devez, ils doivent
5. **aller** –
   je vais, tu vas, il va, nous allons, vous allez, ils vont

3

Bringen Sie die Formen des Verbs **aller** in die richtige Reihenfolge:

1. tu vas – je vais – il va ____________________
2. ils vont – vous allez – nous allons ____________________

aller	
je vais	nous allons
tu vas	vous allez
il va	ils vont

venir	
je viens	nous venons
tu viens	vous venez
il vient	ils viennent

devenir

je deviens
tu deviens
il devient

nous devenons
vous devenez
ils viennent

Das Verb **aller** hat mehrere Bedeutungen, man kann damit ausdrücken:

- wohin jemand geht: **aller** + Ort
  Vous allez où? Nous allons à Marseille.
- auf welche Weise jemand geht: **aller** + Fortbewegungsmittel
  Vous allez à pied? Mais non, nous allons en voiture.
- wie es jemandem geht: **aller bien / mal**
  Comment allez vous? Je vais bien, merci!

Auch die Verben **venir** und **devenir** sind unregelmäßig. Sehen Sie sich die Beispiele an:

> **Et toi, Susan, tu viens d'où? Je viens de Londres.**
> **Et lui, il vient de San Francisco.**
> **Vous venez, l'avion part bientôt! Oui, nous venons.**
> **Thierry et Fatiha viennent avec leurs valises.**

Die Konjugationen von **aller** und **venir** finden Sie links in der Konjugationsbox!

4

partir	
je pars	nous partons
tu pars	vous partez
il part	ils partent

Bon à savoir !
Auf die gleiche Weise werden konjugiert:
sortir – *ausgehen/ hinausgehen*
sentir – *fühlen/riechen*
dormir – *schlafen*
servir – *(be)dienen/ servieren*
courir – *laufen*

Im Unterschied zu Verben auf **-ir** der 2. Gruppe erhalten Verben auf **-ir** der 3. Gruppe im Plural kein **-ss**. Die Endungen sind also hier **-s**, **-s**, **-t** , **-ons**, **-ez**, **-ent**. Wenn die Verben im Stamm vor der Endung zwei Konsonanten haben, fällt der 2. im Singular weg, da ansonsten drei Konsonanten aufeinander treffen würden: **dormir – je dors**, **tu dors**, **il dort**

Die Pluralendung beginnt jedoch mit einem Vokal, deshalb bleibt hier der Konsonant erhalten: **nous dormons**, **vous dormez**, **ils dorment**

Wenden Sie nun diese Regeln auf das Verb **partir** an und füllen Sie die Lücken! Die Konjugation von **partir** finden Sie in der Konjugationsbox!

je __________	nous __________
tu __________	vous __________
il __________	ils __________

part – pars – partez – partons – pars – partent

5

All diesen Fotos entsprechen Beschreibungen mit Verben der 3. Gruppe auf **-ir**. Schreiben Sie die Sätze unter die entsprechenden Fotos!

1. ____________

2. ____________

3. ____________

4. ____________

5. ____________

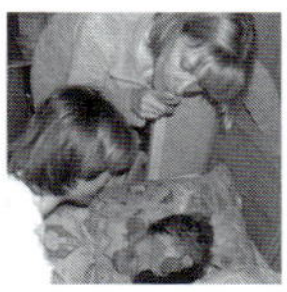

6. ____________

7. ____________

8. ____________

a. Ça sent bon! – b. Ils courent. – c. Nous partons en voyage. – d. Elle ouvre la porte. – e. Il dort! – f. Ils dorment. – g. Je vous sers un apéritif? – h. Je sors.

Bon à savoir !

Wenn vor der Endung **-re** ein **-d-** auftaucht, wie bei **attendre**, ist die Endung der 3. Person Singular nicht **-t**, sondern **-d: il attend** Dasselbe gilt für **rendre**, **entendre**, **perdre**, **vendre.**

Besondere Formen:
prendre, **apprendre:**
nous prenons, vous prenez, ils prennent

mettre:
je mets, tu mets, il met

conduire, **lire:**
nous conduisons, vous conduisez, ils conduisent
nou lisons, vous lisez, ils lisent

voir, revoir, croire:
nous voyons, vous voyez
nous croyons, vous croyez

boire:
nous buvons, vous buvez, ils boivent

connaître, disparaître, naître:
nous connaissons, vous connaissez, ils connaissent
nous disparaissons…
nous naissons…

6

Sehen Sie sich die Konjugation des Verbs **voir** an. Welche Formen ähneln einander?

je vois, tu vois, il voit, nous voyons, vous voyez, ils voient

Versuchen Sie nun, die fehlenden Formen einzusetzen. Ein kleiner Tipp: die ersten beiden Formen im Singular lauten immer gleich, die ersten beiden Formen im Plural weisen immer die gleiche Besonderheit auf und die dritte Person im Plural richtet sich wieder nach der ersten und zweiten.

1. j'attends – tu ____________ – il attend – nous attendons – vous ____________ – ils attendent
2. je crois – tu crois – il ____________ – nous croyons – vous croyez – ils ____________
3. je ____________ – tu bois – il boit – nous ____________ – vous buvez – ils boivent
4. je mets – tu ____________ – il met – nous mettons – vous ____________ – ils mettent

attendez – bois – croient – attends – croit – buvons – mets – mettez

Dire** und **faire

faire	
je fais	nous faisons
tu fais	vous faites
il fait	ils font

dire	
je dis	nous disons
tu dis	vous dites
il dit	ils ditent

Bon à savoir !

Mit **faire** kann man viel machen! Es gibt viele Bedeutungen:

- *tun, machen* im allg. Sinne
  Faites comme chez vous!
  Ils font du bruit.
- **faire** + Handlungsbezeichnung
  faire le ménage
  faire ses devoirs
  faire la cuisine
  faire la vaisselle
  faire la cuisine
  faire un gâteau
- für Freizeitbeschäftigungen
  faire du sport, faire du tennis, faire du cheval *(reiten)*

7

Sehen Sie sich die Bilder an und lesen Sie, was die verschiedenen Leute sagen. Achten Sie besonders auf die Verbformen!

1 Qu'est-ce que vous en dites?

2 Je dis oui.

3 Il dit non.

4 Nous disons: peut-être!

5 Ils ne disent rien.

6 Je fais du sport.

7 Tu fais de la natation.

8 Elle fait la cuisine.

9 Vous faites de la musique.

10 Ils ne font rien!

8

Die Eltern und die Geschwister erwarten Marie und ihre Oma heute. Alles ist in großer Aufregung … und das, was noch im Haushalt zu tun ist, wird aufgeteilt. Schreiben Sie die passenden Formen des Verbs **faire** in die Lücken!

1. Je __________ le ménage dans le salon.
2. Papa et moi, nous __________ la cuisine.
3. Thomas et Sophie __________ la vaisselle.
4. Allez, les enfants, __________ vite!
5. Oui, oui, on __________ ce qu'on peut!

9

Sehen Sie sich die Beispiele mit den Verben **pouvoir**, **vouloir** und **devoir** auf der Illustration an. Es sind Modalverben, die in Verbindung mit anderen Verben im Infinitiv benutzt werden. Rechts finden Sie alle ihre Formen!

vouloir	**je veux**	**nous voulons**
	tu veux	**vous voulez**
	il veut	**ils veulent**
pouvoir	**je peux**	**nous pouvons**
	tu peux	**vous pouvez**
	il peut	**ils peuvent**
devoir	**je dois**	**nous devons**
	tu dois	**vous devez**
	il doit	**ils doivent**

Bon à savoir !

Savoir: *können* oder *wissen?* Die Grundbedeutung von **savoir** ist *wissen*, allerdings kann man **savoir** oft mit einem Infinitiv kombinieren, dann bedeutet es *können* **Je sais nager.** – *Ich kann schwimmen.*

savoir	
je sais	nous savons
tu sais	vous savez
il sait	ils savent

Ein anderes Modalverb ist **falloir**, es wird aber nur in der 3. Person Singular benutzt, als unpersönliche Wendung **il faut**.

Il faut choisir vite. *Man muss schnell wählen.*
Il faut de la farine pour faire des crêpes.
Man braucht Mehl, um Crêpes zu machen.
Il faut apprendre beaucoup dans cette leçon!
In dieser Lektion muss man viel lernen!

10

Marie und ihre Großmutter sind in der Normandie bei den Eltern angekommen! Nun sitzen Sie bei Tisch und essen. Dann kommt die Frage, wer Wein trinken will… und wer darf!
Vervollständigen Sie den Dialog mit den richtigen Verbformen!

1. **Mme Duval:** Vous ___________ du vin?
2. **Mamie:** Bien sûr que nous ___________ du vin!
3. **Marie:** Moi, un tout petit peu… Je ___________ conduire!
4. **M. Duval:** Ah, boire ou conduire, il ___________ choisir!
5. **Thomas:** Moi, je ___________ bien du vin.
6. **Mme Duval:** Toi, Thomas, tu as 12 ans, tu ne ___________ pas boire d' alcool!

veux
voulons
voulez
peux
dois
faut

Bon à savoir !

savoir = *wissen, wie man etwas tut*
Es wird auch benutzt, um von einem erworbenen bzw. erlernten Können zu sprechen, z. B. einer Sprache, dem Lesen, dem Schwimmen, dem Autofahren, einer Lektion oder einer Rolle …
pouvoir – *können, weil man die Möglichkeit hat*
Es wird benutzt in einer Bitte: **Vous pouvez m'aider?** oder einem Vorschlag: **Est-ce que je peux vous aider?**
pouvoir – *dürfen*
Thomas ne peut pas boire de vin.

11

In diesen Sätzen fehlen Formen der Verben **savoir** und **pouvoir**. Tipps zum Gebrauch finden Sie in der **Bon à savoir** Box!

1. Où est le maillot de bain? Sans maillot de bain, Mounir ne ________ pas nager!
2. Il y a un restaurant tout près d'ici, nous ____________ manger là-bas!
3. Est-ce que je ________ vous aider?
4. Il a mal à la tête, il ne ________ pas rester longtemps au soleil.
5. Ce Mathieu, c'est un vrai play-boy. Il ________ parler aux femmes!
6. J'ai seulement 16 ans, je ne ________ pas boire d'alcool.
7. Je ________ conduire, mais ici je ne ________ pas, nous n'avons pas de voiture!
8. Tous les Marocains ____________ parler français.

se laver

je me lave
tu te laves
il se lave

nous nous lavons
vous vous lavez
ils se lavent

12

Bei reflexiven Verben bezieht sich die Handlung auf den Handelnden selbst. Sehen Sie sich folgende Beispiele an:

- nicht reflexiv: **Il lave la vaisselle.** *Er spült/wäscht das Geschirr.*
- reflexiv: **Il se lave.** *Er wäscht sich.*

Die Verbformen bleiben gleich, egal ob sie reflexiv sind oder nicht. Nur die Reflexivpronomen müssen Sie sich merken:
me, **te**, **se**, **nous**, **vous**, **se**. **Me**, **te** und **se** werden vor einem Vokal oder einem stummen **h** apostrophiert: **je m'amuse**. Alle Formen von **se laver** finden Sie in der Konjugationsbox.

Hier finden Sie verschiedene reflexive Verben:

- regelmäßige auf **-er**: **se coucher** – *ins Bett gehen*, **se laver**, **se marier** – *heiraten*, **se promener** – *spazieren gehen*
- regelmäßige auf **-er** mit Besonderheiten: **se changer** – *sich umziehen*, **se lever** – *aufstehen*
- Verben auf **-ir** der 3. Gruppe: **s'endormir** – *einschlafen*, **se sentir** – *sich fühlen*, **se connaître** – *sich kennen*

Die meisten französischen reflexiven Verben sind auch im Deutschen reflexiv. Es gibt aber einige Ausnahmen:
se lever, **se coucher**, **s'endormir**, **se promener**, **se marier**
Umgekehrt entsprechen einige deutsche reflexive Verben im Französischen nicht-reflexiven Verben: **changer** – *sich ändern*, **bouger** – *sich bewegen*

13

In diesen Sätzen fehlen die Reflexivpronomen. Schreiben Sie sie in die richtigen Lücken.

1. Demain, nous ______________ levons à six heures.
2. Je ne __________ sens pas bien.
3. Vous pouvez ______________ laver les mains dans la cuisine.
4. Elle va __________ promener à Montmartre.
5. Thomas, tu __________ lèves? Il est 10 heures …
6. Ils ______________ connaissent depuis vingt ans et ils ______________ aiment comme au premier jour.

14 TR. 31

Marie kommt ursprünglich aus der Normandie, ist aber wegen ihrer Arbeit nach Paris gezogen, wo ihre Oma schon wohnte. Jetzt sind Sommerferien und sie fährt mit ihr ihre Eltern besuchen! Vervollständigen Sie den Dialog mit Susan mit den passenden Formen der Verben **aller**, **venir**, **dormir** und **partir**! Den Dialog können Sie auch auf der CD hören!

1. **Susan:** Et toi, tu *pars / pas / part* aussi en vacances?
2. **Marie:** Oui et non, je *vais / vas / va* chez mes parents.
3. **Marie:** Ma grand-mère *vient / viens / viennent* aussi. Mais la maison est très petite, nous *dors / dormons / dorment* tous dans une seule chambre!
4. **Susan:** Pourquoi tu ne *viens / vient / viennent* pas en Angleterre avec moi? Julien et sa famille *viens / vient / viennent* aussi.
5. **Marie:** Vous *partent / part / partez* quand?
6. **Susan:** Nous *partons / part / partent* déjà demain … le train *partons / part / partent* à 6 heures du matin.
7. **Marie:** C'est dommage, mais je *vais / vas / va* chez mes parents déjà ce week-end. Ils habitent en Normandie.
8. **Susan:** Alors tu *pars / part / partent* en Normandie! Quelle chance d'avoir des parents là-bas!

15

Eine Verbform hat sich eingeschlichen, die nicht von demselben Verb stammt wie die anderen. Streichen Sie sie durch!

1. tu viens – il vient – nous venons – ils vont
2. je veux – il voit – nous voulons – ils veulent
3. je vais – elle veut – il va – vous allez
4. je dors – tu dors – il doit – nous dormons
5. tu dois – il doit – nous devons – ils disent

16

Lösen Sie das Kreuzworträtsel mit den richtigen Verbformen!

Waagerecht
1. promettre, vous …
2. faire, ils …
3. dire, vous …
4. aller, tu …
5. voir, il …
6. vouloir, ils …
7. prendre, il …
8. sentir, il …
9. connaître, je …
10. savoir, nous …
11. rire, il …
12. sortir, je …

Senkrecht
13. offrir, ils …
14. pouvoir, ils …
15. entendre, vous …
16. venir, ils …
17. devoir, tu …
18. se lever, tu … lèves
19. dire, tu …
20. lire, vous …
21. boire, tu …
22. savoir, il …

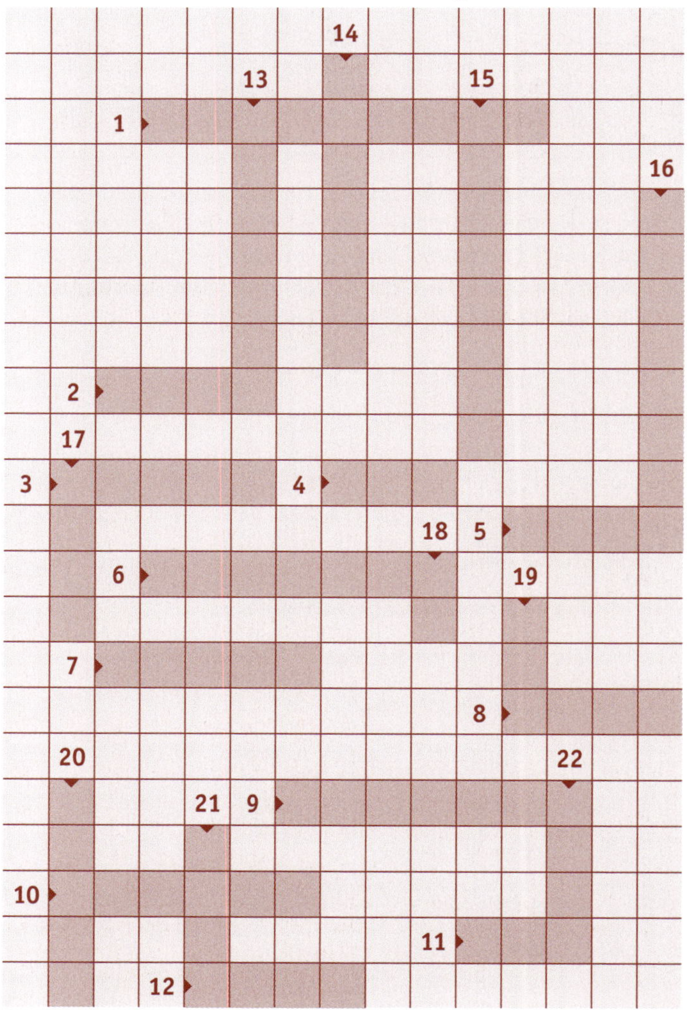

1

Sehen Sie sich die Illustrationen an und schreiben Sie die richtige Beschreibung darunter.

1. ____________

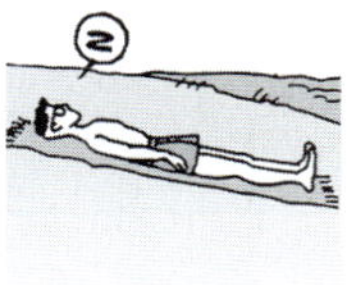

2. ____________

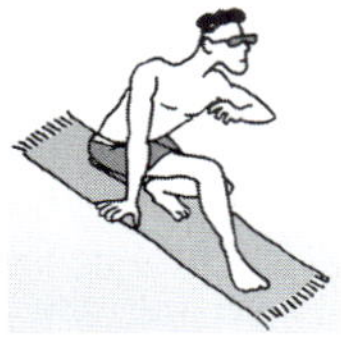

3. ____________

4. ____________

5. ____________

6. ____________

7. ____________

8. ____________

a. il dort – b. il se lève – c. ils boivent – d. elle lit –
e. il fait beau – f. ils s'amusent – g. il se promène – h. il boit

2

Verbinden Sie die Begriffe mit ihrer Übersetzung.

1. *sie kommen*	a. ils vont
2. *sie gehen*	b. j'apprends
3. *ich warte*	c. nous croyons
4. *ich lerne*	d. vous dites
5. *wir verstehen*	e. nous connaissons
6. *wir glauben*	f. nous comprenons
7. *wir kennen*	g. ils viennent
8. *ihr sagt*	h. vous voulez
9. *ihr sollt*	i. vous devez
10. *ihr wollt*	j. j'attends

Verben

3

Trennen Sie diese Buchstabenschlangen in einzelne Wörter.

1. nousdevonsnouslevermaintenant ____________________
2. jevaisenvacancesdemain ____________________
3. monpetitfrèreapprendàlireetécrire ____________________
4. ilsaitdéjàécrireson nom ____________________

4

Wandeln Sie diese Verben in die gefragte Pluralform um.

1. je dors, nous ____________________
2. je vais, nous ____________________
3. tu viens, vous ____________________
4. tu dis, vous ____________________
5. il prend, ils ____________________

5

Wandeln Sie diese Sätze um, indem Sie das in den Klammern angegebene Pronomen verwenden, und schreiben Sie den neuen Satz in die Lücken, z. B.

Je pars en vacances (nous) ▸ Nous partons en vacances.

1. J'entends la mer! (nous)

____

2. Je dois conduire, je ne peux pas boire. (nous)

____

3. Tu te lèves à sept heures pour aller à la plage. (nous)

____

4. Tu veux du vin? (vous)

____

5. Il peut entendre la mer. (ils)

____

6. Il sait nager. (ils)

____

1 TR. 32

C'est la grève! Es ist Streik in Paris! Wie kommen Julien und seine Frau Mathilde nun – ohne öffentliche Verkehrsmittel – zur Arbeit?

Lesen Sie die Fragen, die Mathilde Julien stellt, laut vor und achten Sie dabei besonders auf die Intonation, d. h. darauf, dass die Stimme innerhalb des Fragesatzes nach oben geht! Die Sätze können Sie auch auf der CD hören.

1. Est-ce qu'il y a des métros?
2. Est-ce qu'il y des bus?
3. On prend la voiture?
4. On y va à pied?
5. Comment est-ce que nous allons au travail?

2 TR. 33

Da in Paris richtig gestreikt wird und deshalb alle Antworten Juliens auf die Fragen seiner Frau, ob es noch irgendwelche Verkehrsmittel gibt, die man benutzen kann, negativ sind, können Sie sich hier schon einmal mit der Verneinung vertraut machen.

Aber Vorsicht: In dem ganzen Durcheinander um den Streik sind die Antworten Juliens auf die Fragen seiner Frau Mathilde durcheinander geraten.

Verbinden Sie die Antworten rechts zu den entsprechenden Fragen links. Die Antworten in der richtigen Reihenfolge können Sie auch auf der CD hören.

1. Est-ce qu'il y a des métros?
2. Est-ce qu'il y a des bus?
3. Est-ce qu'on prend la voiture?
4. Est-ce qu'on y va à pied?
5. Comment est-ce que nous allons au travail?

a. Non, il n'y a pas de bus.
b. Non, on n'y va pas à pied.
c. Non, il n'y a pas de métro.
d. On ne travaille pas! C'est la grève!
e. Non, on ne prend pas la voiture.

3

> **Bon à savoir !**
> Es gibt auch eine andere Art von Fragen, die Inversionsfrage, die dem Deutschen ähnlich ist. Das Subjekt steht hinter dem Verb und zwischen beiden wird ein Bindestrich eingefügt:
> **Prends-tu le métro?**
>
> Diese Art von Fragen wird im gesprochenen Französisch selten benutzt, wird aber in schriftlichen Texten wie Briefen sehr oft verwendet.

Im gesprochenen Französisch benutzt man oft die Intonationsfrage.
Sie wird einfach wie ein Aussagesatz gebildet, nur ist die Intonation bei der Frage steigend:

Tu prends le métro?

Man kann auch eine Frage stellen, indem man die Wendung **est-ce que** vor den Aussagesatz stellt. Auch hier ist die Intonation steigend:

Est-ce que tu prends le métro?

Vor Vokal oder stummem **h** wird **est-ce que** zu **est-ce qu'** verkürzt:

Est-ce qu'il y a des bus?

Diese Fragen sind Entscheidungsfragen, die man entweder mit **Oui!** oder **Non!** beantworten kann. Die Wendung **est-ce que** kann aber auch mit anderen Fragewörtern kombiniert werden, und zwar in Ergänzungsfragen, in den die Frage sich nur auf einen Teil des Satzes bezieht:
Comment est-ce que nous allons au travail? Nous y allons en voiture.

4 TR. 34

Julien will seiner Frau zum Geburtstag eine kleine Überraschung machen. Er geht in ein Reisebüro und erkundigt sich nach den verschiedenen Reisemöglichkeiten.
Sehen Sie sich die Fragen an, die der Angestellte Julien stellt. Ordnen Sie den Fragen die richtigen Antworten zu. Den ganzen Dialog können Sie auch auf der CD hören.

1. Est-ce que vous voulez partir en avion?
2. Est-ce que vous voulez seulement des billets d'avion ou aussi un hôtel?
3. Est-ce que vous voulez partir en France ou à l'étranger?
4. Est-ce que vous avez déjà une idée pour le pays?
5. Est-ce que vous connaissez Venise?
6. C'est votre premier voyage en Italie?

a. Je préfère une offre avec avion et hôtel.
b. Non, je n'ai aucune idée.
c. Non, je ne connais pas Venise.
d. Oui, je veux partir en avion.
e. Je préfère aller dans un pays étranger.
f. Non, je connais déjà Rome et Florence.

1. ________ 2. ________ 3. ________

4. ________ 5. ________ 6. ________

5

Ergänzen Sie diese Fragen mit den richtigen Fragewörtern. Hilfe finden Sie in der **Bon à savoir** Box!

1. _______ est-ce que tu pars? En Corse.
2. _______ est-ce que tu pars? En avion.
3. Tu pars _______? Une semaine.
4. _______ est-ce que tu pars? Parce que c'est mon anniversaire.

Wie Sie sehen, wird die Fragewendung **est-ce que** sehr oft mit den Fragewörtern kombiniert: Fragewort + **est-ce que** + Aussagesatz:

Quand est-ce que tu pars en vacances?

Im gesprochenen Französisch benutzt man auch die Ergänzungsfrage (die nicht mit **Oui / Non** beantwortet werden kann) ohne **est-ce que**:

Tu pars quand? – Tu pars où?

Bon à savoir !
Weitere Fragewörter:
quand? – *wann?*
comment? – *wie?*
combien (de)? – *wie viel(e)?*
combien de temps? – *wie lange?*
où? – *wo?*
pourquoi? – *warum?*
quel, quelle? – *welcher, welche?*
à quelle heure? – *um wie viel Uhr?*

Bon à savoir !
Auch hier benutzt man in der gehobenen bzw. schriftlichen Sprache die Inversionsfrage:
Quand pars-tu?
Comment vas-tu?

6

Das Fragewort **qui** bezieht sich immer auf eine Person. **Qui …** am Anfang des Satzes entspricht der Frage *Wer … ?*

Qui est là? – Qui prend le métro?

Für die Frage *Wen … ?* muss man die Wendung **est-ce que** hinzufügen:

Qui est-ce qu'on invite? –
Qui est-ce que tu emmènes à la gare?

Will man die Frage *Wem … ?* stellen, wird einfach die Präposition **à** vor das Fragepronomen gesetzt:

À qui est-ce que tu parles? –
À qui est-ce qu'elle prête son vélo?

Das Fragewort **que** bezieht sich immer auf einen Gegenstand. Es wird vor Vokal oder stummem **h** zu **qu'** In diesem Fall kann man:

- die Wendung **est-ce que** hinzufügen:
  Qu'est-ce que tu fais? – Qu'est-ce qu'on emmène en vacances?
- nur **que**, dann jedoch mit der Inversionsfrage bei kurzen, häufigen Fragen:
  Que fais-tu? – Que veux-tu?

Ergänzen Sie die Fragen mit den richtigen Fragewörtern:

1. _______ est là?
2. _______ on invite?
3. _______ on fait?

a. Qui est-ce que
b. Qu'est-ce que
c. Qui

Bon à savoir !
Quoi oder **comment?**
Wenn Sie jemanden nicht verstanden haben oder wenn Sie sich über das, was Sie verstanden haben, wundern, können Sie zwar **Quoi?** – *Was?* fragen, viel höflicher ist es aber, in diesem Fall das Fragewort **Comment?** – *Wie (bitte)?* zu verwenden!

7

An einem Abend kommt Mathilde nach Hause und findet ihren Mann im Flur mit zwei Koffern! Ergänzen Sie den Dialog mit den richtigen Fragewörtern.

Julien: Surprise! Nous partons en voyage!

Mathilde: Quoi? Mais ________ allons-nous?
Julien: A Venise!

Mathilde: A Venise? Mais ________ ?
Julien: En avion!

Mathilde: Et ________ ?
Julien: Ce soir!

Mathilde: Mais ________ ?
Julien: Parce que c'est ton anniversaire!

8 TR. 35

Madame Duval hat vor einer Woche Schuhe gekauft und kommt nun in das Geschäft zurück. Lesen Sie den Dialog und markieren Sie die verneinten Wörter. Den Dialog können Sie auf der CD hören.

Bon à savoir !
Alle Verneinungen werden aus dem Element **ne**, bzw. **n'** und einem weiteren Element (**pas**, **plus**, **jamais** ...) gebildet.

Mounir: Bonjour, Madame Duval! Vous voulez encore de nouvelles chaussures?
Mme Duval: Euh ... Non merci, je ne veux pas de nouvelles chaussures ... Mais je ne veux plus les chaussures jaunes de la semaine dernière!
Mounir: Oh, vraiment! Pourquoi?
Mme Duval: Eh bien ... elles ne sont pas très confortables! Et c'est un problème parce que je marche beaucoup, moi, vous savez, je n'aime pas prendre le métro ou le bus ...
Mounir: Ah, Madame, les chaussures, ça fait toujours un peu mal les premiers jours, mais ensuite, ça ne fait plus mal!
Mme Duval: Oui, mais ... elles sont jaunes ... et je ne porte jamais des vêtements jaunes!
Mounir: Mais, Mme Duval, vous pouvez porter d'autres couleurs avec ces chaussures! Vous n'avez pas des vêtements verts, rouges?
Mme Duval: Si, mais ... Je ne les aime plus, voilà!
Mounir: Ah, bon! Alors, dans ce cas, je ne peux rien dire! ... Et vous ne voulez pas les donner à quelqu'un?
Mme Duval: À qui? Je ne connais personne avec de petits pieds comme moi!
Mounir: Et vous ne voulez pas les échanger contre d'autres chaussures?
Mme Duval: Hm ... Je ne sais pas ... Qu'est-ce que vous me proposez?

9

Eine Art von Verneinung kennen Sie bestimmt schon! Es ist das Wort **non**. Die französische Verneinung besteht anders als im Deutschen aus zwei Wörtern: **ne** bzw. **n'** vor Vokal und stummem **h** und **pas**. Beide Elemente umschließen das Verb, bzw. auch die Pronomen, die dabei stehen:

Je ne sais pas. – Je ne veux pas de nouvelles chaussures.
Je ne les aime pas. – Je n'en veux pas.

ne ... pas kann sowohl *nicht* als auch *kein* bedeuten!

Als Verstärkung dieser Verneinung kann man **pas** durch **aucun**, **aucune** ersetzen:

Je n'ai aucun pantalon jaune. – *Ich habe keine einzige gelbe Hose.*
Je n'ai aucune idée. – *Ich habe gar keine Idee.*

Bon à savoir !
Wenn Sie nach Frankreich fahren, werden Sie merken, dass das **ne** in der Umgangssprache oft weggelassen wird. In der Schriftsprache darf es aber nicht fehlen!

10

Weitere Formen der Verneinung:

- **ne ... plus:** als Gegenstück zu Fragen mit **encore**:
  Est-ce que tu fumes encore? Non, je ne fume plus!
- **ne ... jamais:** oft in Antworten mit Zeitadverbien wie **parfois** oder **déjà**.
  Est-ce qu'elle prend parfois le métro? Non, elle ne le prend jamais.
- **ne ... personne / personne ne:**
  Je ne connais personne.
  Werden die beiden Verneinungselemente jedoch umgedreht, schließt die Verneinung das Verb nicht ein!
  Personne n'a des petits pieds comme moi.
  Das Wort **personne** alleine und ohne Artikel bedeutet *niemand*.
  Quelqu'un veut du vin? Non, personne.
- **ne ... rien / rien ne:**
  Je n'ai rien à dire.
  Rien ne va plus.
  Tu veux manger quelque chose? Non, rien, merci.

Bon à savoir !
Nach den Verneinungselementen **pas**, **plus**, **jamais** werden die unbestimmten und Teilungsartikel durch **de**, bzw. **d'** ersetzt:
Est-ce que vous avez une voiture? Non, je n'ai pas de voiture!
Ausnahme: nach dem Verb **être** bleibt es unverändert:
C'est un problème.
Ce n'est pas un problème.

Ergänzen Sie die Aussagen von Mme Duval mit den richtigen Verneinungselementen!

1. Mais je ne veux ________________ les chaussures jaunes de la semaine dernière.
2. Je ne porte ________________ des vêtements jaunes.
3. Je ne connais ________________ avec des petits pieds comme moi!
4. Alors, dans ce cas, je ne peux ________________ dire!

11

Diese Fragen und diese verneinenden Antworten sind durcheinander geraten. Bringen Sie sie wieder in die richtige Reihenfolge!

1. Est-ce qu' / métros / des / y a / ?
2. il / n'y a / Non / métros / de / pas / .
3. parfois / train / le / prenez / vous / Est-ce que / ?
4. Non, / ne / jamais / je / train / prends / le / .
5. au magasin / venez / vous / Pourquoi / est-ce que / ?
6. Je / veux / les / jaunes / chaussures / plus / ne / .
7. vous / les / plus / Pourquoi / ne / voulez / est-ce que / ?
8. Parce qu' / ne / pas / confortables / sont / elles / ne / .

12

Manche Menschen sind abenteuerlustig und fahren gerne ins Blaue!
So zum Beispiel Johnny, der direkt aus Chicago in Paris ankommt, ohne wirklich etwas geplant zu haben …
Aber Sie können ihm helfen, indem Sie die verneinten Sätze richtig ergänzen! Schreiben Sie die richtigen Verneinungspartikel in die entsprechende Lücke!

1. Il veut acheter un billet de métro. Mais il n'a __________ d'euros!
2. Il ne sait __________ où il va dormir.
3. Il n'a pas d'ami à Paris, il ne connait __________.
4. Il va dans un hôtel. Mais il n'y a __________ de place!
5. Il veut aller à Montmartre. Mais il ne sait __________ comment y aller.
6. Il a un plan de la ville. Mais il ne comprend __________, il y a trop de lignes!
7. Mais pour Johnny, __________ n'est un problème!
8. Et parce qu'il a toujours de la chance, il n'a __________ de problème!

a. pas – b. personne – c. plus – d. pas – e. rien –
f. jamais – g. rien – h. pas

13

Manche Leute verreisen gar nicht so gerne und auch die öffentlichen Verkehrsmittel mögen sie nicht so sehr. Mme Duval zählt zu ihnen! In dieser Übung erfahren Sie ihre Meinung dazu. Ergänzen Sie die Sätze mit den passenden Verneinungselementen! Es gibt manchmal mehrere Möglichkeiten!

1. Je ______ pars ______ souvent en voyage.
2. Je ______ prends ______ l'avion, c'est trop cher!
3. Je ______ aime ______ prendre le train, le temps ne passe pas!
4. Je ______ aime ______ le bateau parce que là, je suis toujours malade!
5. Je me sens bien à Paris, je ______ ai ______ besoin de voyager!
6. Et dans Paris... Je vais à pied! Je ______ ai ______ de voiture.
7. Je ______ prends ______ le métro parce que je perds toujours mon billet.
8. Et à mon âge, on ______ fait ______ de vélo! Donc je marche!

14

Es ist leider nicht immer so einfach, von einem Ort zum anderen zu kommen. Mathieu muss geschäftlich nach Château-Chinon fahren, um dort ein Interview zu machen. Susan, die aus England kommt und noch nicht so viel über die Verkehrsmittel in Frankreich weiß, fragt ihn, wie er dorthin reisen möchte. Ergänzen Sie die Fragen von Susan mit den negativen Antworten von Mathieu nach dem Schema:

> **Bon à savoir !**
> In Frankreich muss man für die Benutzung der Autobahn zahlen. Dafür gibt es Zahlstellen, so genannte **péages**.

Tu y vas en voiture? – Non, je n'y vais pas en voiture.

1. Les autoroutes sont gratuites?

____

2. Alors tu prends les routes nationales?

____

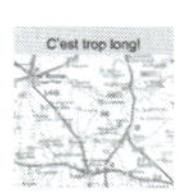

3. Alors, tu prends le train?

____

4. Alors, tu prends l'avion?

____

5. Mais tu as une autre idée?

____

15

Verbinden Sie die Fragen links mit den richtigen Antworten rechts!

1. Comment allez-vous?
2. Est-ce que tu vas bien?
3. Qu'est-ce que tu fais dans la vie?
4. Est-ce que tu as faim?
5. A quelle heure est le rendez-vous?
6. Est-ce que tu fumes encore?
7. Où allons-nous en vacances?
8. Vous partez en avion ou en bateau?
9. Quand est-ce qu'on arrive?
10. Quel âge a Mathieu?
11. Quelle heure est-il?
12. Tu préfères le train ou l'avion?
13. Qui ne vient pas ce soir?
14. Est-ce que tu vas parfois à la piscine?
15. Tu as encore des bonbons?
16. Est-ce que vous buvez de l'alcool?
17. Est-ce qu'il y a quelqu'un?
18. Est-ce que tu as quelque chose à manger?
19. Pourquoi est-ce qu'il n'y a pas de métro?
20. Quel temps fait-il en Corse?
21. Combien de bananes est-ce que tu veux?
22. Est-ce qu'il y a des métros?
23. Qu'est-ce qu'il y a à la télé ce soir?
24. Qu'est-ce que tu portes ce soir?

- a. Non, je ne vais pas bien!
- b. Je suis journaliste.
- c. En bateau.
- d. Il est 8 h.
- e. Il a trente-et-un ans.
- f. En Corse.
- g. Marie ne vient pas.
- h. Je préfère l'avion!
- i. Non, il n'y a personne.
- j. Il fait beau!
- k. Il est à 15 heures.
- l. Je préfère l'avion! Je porte une robe.
- m. Non, je n'en ai plus.
- n. Non, je n'ai rien à manger.
- o. Parce que c'est la grève!
- p. Non, il n'y a pas de métro.
- q. Il y a un nouveau film.
- r. Un kilo, s'il vous plaît.
- s. Non, je n'en bois pas.
- t. Non, je n'y vais jamais.
- u. Je vais bien!
- v. Non, je n'ai pas faim.
- w. Non, je ne fume plus.
- x. On arrive dans une heure.

1

Lesen Sie die Fragen und wählen Sie die einzige logische Antwort.

1. Est-ce que vous aimez marcher?
   - a. Deux heures.
   - b. Oui, nous aimons bien marcher.
   - c. Samedi, je vais au supermarché.

2. Tu vas au travail en métro?
   - a. Non, en bus.
   - b. Oui, en voiture.
   - c. Je ne travaille pas le samedi.

3. À quelle heure est-ce que tu te lèves?
   - a. Je me lève et je pars.
   - b. Il est 15 heures.
   - c. Je me lève à 6h45.

4. Comment est-ce qu'elle est, ta voiture?
   - a. Non, je n'en ai pas.
   - b. Elle est rouge.
   - c. Oui, j'aime la voiture.

5. Tu pars combien de temps en Corse?
   - a. Oui, je pars en Corse.
   - b. Je pars deux semaines.
   - c. J'y vais.

6. Avec qui est-ce que tu pars?
   - a. Je pars avec ma copine.
   - b. Je pars.
   - c. Ma copine part.

2

Schreiben Sie die Übersetzungen in die Lücken neben den entsprechenden Begriffen.

1. combien ____________________
2. pourquoi ____________________
3. comment ____________________
4. quand ____________________
5. jamais ____________________
6. qui ____________________
7. personne ____________________
8. quoi ____________________
9. rien ____________________

a. *warum* – b. *wie viel* – c. *wann* – d. *wer* – e. *nie* – f. *wie* – g. *niemand* – h. *nichts* – i. *was*

Verneinung

3

Marie und Thomas sind Geschwister und sind sich nicht über alle Sachen einig! Schreiben Sie die verneinte Form der Sätze in die Lücken und beginnen Sie alle Sätze mit dem Pronomen **il**.

1. Elle lit beaucoup. ____________________
2. Elle aime travailler. ____________________
3. Elle aime prendre le bus. ____________________
4. Elle fait du sport. ____________________

4

Schreiben Sie die fehlenden Verneinungselemente in die Lücken.

1. Est-ce que tu prends parfois l'avion? Non, ________________.
2. Est-ce que tu fumes encore? Non, je ne fume ________________.
3. Tu connais quelqu'un à Paris? Non, ________________.
4. Tu veux manger quelque chose? Non, merci, je ne veux ______________.
5. Qui vient avec nous? ________________.
6. Est-ce que tu veux dire quelque chose? Non, ________________.

5

Welcher Satz passt zu dem jeweiligen Bild? Kreuzen Sie den richtigen Satz an!

1.

■ a. Il n'y a plus de place!
■ b. Il n'y a personne!
■ c. Je ne veux pas de bière.

2.

■ a. Il n'y a rien dans le frigidaire.
■ b. Il n'y a personne dans la rue.
■ c. Il n'a pas d'argent.

3.

■ a. Non, merci, je n'ai pas faim.
■ b. Oui, merci, j'aime le vin!
■ c. Je ne veux pas de bière.

4.

■ a. Il n'y a rien dans le frigidaire!
■ b. Il n'y a personne!
■ c. Il n'a pas d'argent!

1

Julien und seine Familie sind neu in Paris. Er arbeitet seit kurzer Zeit für eine Zeitung und seine Frau hat einen Job in einem Pariser Vorort. Hier lernen Sie den „typischen" Tagesablauf einer französischen Familie kennen. Beide Eltern arbeiten und die Kinder haben ganztags Schule!

Leider ist der Ablauf durcheinander gekommen. Bringen Sie die Sätze wieder in die richtige Reihenfolge, d. h. der Uhrzeit nach!

1. La famille se lève à sept heures.
2. Puis elle va travailler à Créteil de neuf à dix-sept heures.
3. Julien commence son travail à huit heures.
4. De midi à une heure et demie, c'est la pause déjeuner.
5. A quatre heures et demie, il va chercher les enfants à l'école.
6. Mathilde amène les enfants à l'école à huit heures moins cinq.
7. Il a des rendez-vous jusqu'à midi.
8. Le soir, ils mangent entre sept heures moins le quart et huit heures et demie.
9. Puis il va au bureau, jusqu'a seize heures dix.

Richtige Reihenfolge: ______________________________

2 TR. 36

Bei den Beauchamps geht es morgens manchmal etwas hektisch zu, vor allem, da Juliens Sachen wegen des Umzugs noch durcheinander sind. Zum Glück hilft ihm Mathilde, alles wieder zu finden. Lesen Sie Ihre Aussagen und sehen Sie sich die Illustration dazu an. Achten Sie dabei auf die Präpositionen! Die Sätze können Sie auch auf der CD hören!

Ton appareil photo est sur le fauteuil.
Ton ordinateur est sous la table.
Ton téléphone portable est sur la cheminée.
Ton sac est devant le canapé.
Ton parapluie est derrière le rideau.
Ton agenda est dans ton sac.
Ta veste est dans l'armoire.
Tes clefs sont à côté de l'appareil photo.

3 TR. 37

Als Fotograf muss Julien Termine vereinbaren. Das ist manchmal gar nicht einfach! Lesen Sie den Dialog und achten Sie auf die Uhrzeiten. Sie können ihn auch auf der CD hören.

Nicolas M: Allô?
Julien: Allô, bonjour, c'est Julien Beauchamp. Nous devons prendre rendez-vous pour la photo...
Nicolas M: Ah, Bonjour, M. Beauchamp!
Julien: Alors, quand est-ce que nous pouvons nous rencontrer?
Nicolas M: Cette semaine, hmm ... difficile! Je suis tous les jours au studio de huit heures du matin à huit heures du soir!
Julien: Et la semaine prochaine, vous avez le temps?
Nicolas M: En début de semaine seulement. A partir de mercredi, je suis à Bordeaux!
Julien: Bon ... alors lundi?
Nicolas M: Un moment, je regarde mon agenda ... Ah, lundi, j'ai un rendez-vous chez le coiffeur à quinze heures quinze!
Julien: Je peux venir le matin, alors?
Nicolas M: Euh ... je préfère faire les photos après mon rendez-vous chez le coiffeur! Vous pouvez venir vers seize heures quarante-cinq?
Julien: Non, je suis désolé, je dois aller chercher mes enfants à l'école ...
Nicolas M: Bon ... et mardi?
Julien: Mardi ... J'ai un rendez-vous à huit heures trente et un autre l'après-midi, à quinze heures. Mais je peux venir entre les deux, disons vers onze heures ...
Nicolas M: Mardi, onze heures ... Oui, c'est parfait! Vous avez mon adresse?
Julien: Non ...
Nicolas M: 34, rue des Marronniers, au Pré-Saint-Gervais. Vous savez où c'est?
Julien: Non, mais j'ai un plan de la ville!
Nicolas M: Bon ... À mardi prochain alors!
Julien: À mardi, au revoir!

4

Sehen Sie sich die Abbildungen mit den Uhrzeiten an und ergänzen Sie die Lücken mit dem richtigen Buchstaben, der Uhrzeit entsprechend. Hilfe finden Sie in der Bon à savoir Box.

a. une heure b. onze heures cinq c. neuf heures vingt-cinq
d. une heure et demie e. midi f. midi et demie g. trois heures
h. cinq heures et quart i. sept heures moins le quart
j. onze heures moins dix

5 TR. 38

Johnny ist Amerikaner und besichtigt gerade Lyon. Der Angestellte der Hotelrezeption gibt ihm nützliche Auskünfte. Sehen Sie sich seine Aussagen an und schreiben Sie jeweils die Uhrzeit in Ziffern in die entsprechende Lücke. Die Sätze können Sie auch auf der CD hören.

1. Nous servons le petit-déjeuner de sept heures à neuf heures quinze.
2. Le musée des Beaux-Arts ouvre à dix heures trente.
3. Il y a une visite guidée en anglais à onze heures moins le quart.
4. Beaucoup de magasins ferment à midi.
5. La pause de midi dure jusqu'à quatorze heures trente.
6. Entre seize heures et dix-sept heures trente, vous pouvez prendre un goûter à la française.
7. Le soir, les restaurants servent à partir de dix-neuf heures trente.
8. Il y a des métros jusqu'à minuit et demie.

1. ____________	2. ____________	3. ____________	4. ____________
5. ____________	6. ____________	7. ____________	8. ____________

Bon à savoir !

Um Uhrzeiten anzugeben, sagt man:
Il est sept heures – *Es ist sieben Uhr* oder **à sept heures** – *um sieben Uhr.*

Die Stunden werden von 1 bis 11 durchgezählt und die Minuten hinzugefügt:
sept heures dix – *sieben Uhr zehn.*

Will man die halbe und die Viertelstunde angeben, fügt man **et demie** bzw. **et quart** zur vollen Stunde hinzu:
sept heures et demie – *halb acht*
sept heures et quart – *Viertel nach sieben*
Wenn die Viertelstunde jedoch abgezogen wird von der vollen Stunde, sagt man **moins le quart**:
sept heures moins le quart – *Viertel vor sieben.*

Man kann zur vollen Stundenangabe jeweils auch noch **du matin** – *morgens,* **de l'après-midi** – *nachmittags,* **du soir** – *abends* hinzufügen.

Besonderheiten:
Midi – *Mittag*
Minuit – *Mitternacht*
une heure du matin – *ein Uhr nachts*

6 TR. 39

> **Bon à savoir !**
> Nützliche Präpositionen der Zeit:
> **pendant** – *während, … lang*
> **après** – *nach*
> **avant** – *vor*
> **jusqu'à** – *bis*
> **vers** – *gegen, ungefähr um*
> **dans** – *in*
> **Je pars dans trois mois.**
> **depuis** – *seit*
> **Mme Duval habite à Paris depuis 50 ans.**
> **à partir de** – *ab*
> **À partir de mercredi, je suis à Bordeaux.**
> **en** – *in, im Jahre*
> **en juin** – *im Juni*
> **en 1980** – *1980*

Madame Duval ist im Ruhestand. Dennoch folgt auch ihr Tagesablauf einem festen Zeitplan. Lesen Sie den Text und achten Sie auf die Präpositionen **à**, **pendant**, **après**, **avant**, **jusqu'à** und **vers**. Bringen Sie dann die Bilder in die richtige Reihenfolge. Den Text können Sie auch auf der CD hören.

Mme Duval se lève à sept heures. Elle fait de la gymnastique pendant une demi-heure. Après la gymnastique, elle se lave et s'habille. Il est huit heures moins le quart. Elle prend son petit-déjeuner jusqu'à huit heures et quart. Vers neuf heures, son chat arrive, elle lui donne à manger. Puis elle fait des courses, avant le déjeuner, jusqu'à midi.

a.

b.

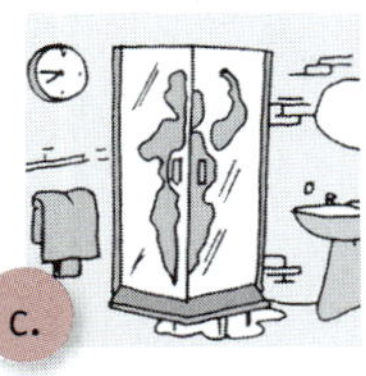
c.

d.

e.

f.

Richtige Reihenfolge: ______________________________

7

> **Bon à savoir !**
> Nützliche Präpositionen des Ortes:
> **sur** – *auf*
> **sous** – *unter*
> **dans** – *in*
> **devant** – *vor*
> **derrière** – *hinter*
> **entre** – *zwischen*
> **à côté de** – *neben*
> **chez** – *bei, zu*
> **Mme Duval va chez la voisine** – *zur Nachbarin*
> **Mme Duval est chez la voisine** – *bei der Nachbarin*

Eines Morgens kommt Madame Duvals Katze nicht zum Frühstück. Sie sucht sie überall in der Wohnung. Wo sieht sie überall nach? Auf der Suche nach der Katze lernen Sie gleich die wichtigsten Präpositionen des Ortes kennen!

sur le lit

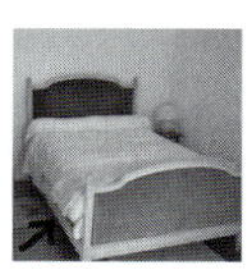
sous le lit

dans l'armoire

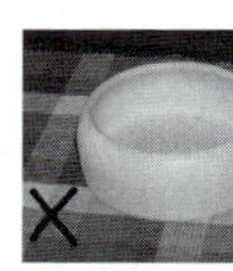
devant son assiette

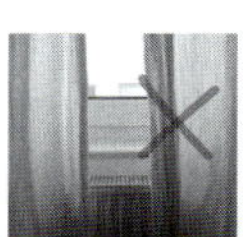
derrière le rideau

entre les fauteuils

à côté du radiateur

8

Katzen verstecken sich gerne, um ruhig schlafen zu können. Und in jeder Wohnung gibt es genügend Orte, um in Ruhe ein „Nickerchen" zu machen! Sehen Sie sich die Fotos an und wählen sie die Orte, an denen Katzen sich gerne verstecken. Kreuzen Sie die richtige Antwort an.

1

- a. devant l'armoire
- b. sous l'armoire
- c. dans l'armoire

2

- a. derrière la fenêtre
- b. devant la fenêtre
- c. dans la fenêtre

3

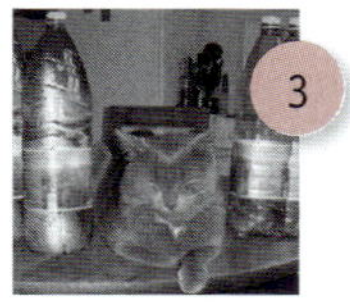

- a. entre les bouteilles
- b. sous les bouteilles
- c. derrière les bouteilles

4

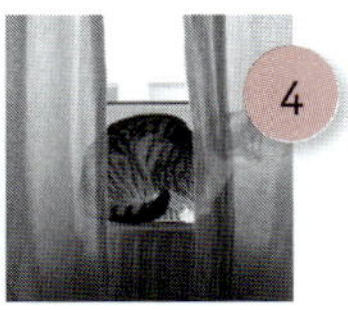

- a. derrière le rideau
- b. sur le rideau
- c. devant le rideau

5

- a. sur le balcon
- b. derrière le balcon
- c. à côté du balcon

9

Zum Glück hat Nicolas Martin auf Julien gewartet. Die Fotoaufnahmen können beginnen! Wo lässt sich der Musiker fotografieren? Sehen Sie sich die Bilder an und schreiben Sie die entsprechenden Begriffe in die Lücken.

1. ________ le jardin

2. ________ sa moto

3. ________ la cheminée

4. ________ Jimi Hendrix

5. ________ ses deux guitares

10

Wann benutzt man welche Präpositionen des Ortes?

à: für die Angabe von Zielen oder Aufenthaltsorten in allgemeiner oder abstrakter Weise.

- **à droite**, **à gauche** – *rechts, links*
- bei Städten: **Mme Duval habite à Paris. Je vais à Paris.**
- bei männlichen Ländernamen: **au Portugal**, **aux Etats-Unis**
- bei allgemeinen Orten: **à la maison**, **à la mer**, **à la montagne**

en:

- bei weiblichen Ländernamen, Provinzen und Regionen: **en France**, **en Normandie**
- in bestimmten festen Ausdrücken: **en vacances**
- bei Verkehrsmitteln: **en voiture**, **en train**

Bon à savoir !
Achten Sie besonders auf den Ausdruck **dans la rue**. Bei dieser Ausnahme bedeutet **dans** nicht *in*, sondern *auf der Straße*.

dans: für konkrete Ortsangaben.

- bei geschlossenen Räumen: **dans la cuisine**
- bei männlichen Regionen oder Bezirken: **dans le 4e arrondissement**

chez: zur Angabe von Orten, die durch Personen bestimmt werden:
J'ai un rendez-vous chez le coiffeur. Mme Duval va chez la voisine.

de: gibt die Herkunft, den Ausgangspunkt an.
Johnny vient de Chicago, des Etats-Unis.

11

Mme Duval findet ihre Katze nicht! Sie muss aus der Wohnung entwischt sein! Schreiben Sie die passenden Präpositionen in die Lücken! Wenn es nicht eindeutig ist, welche Präposition benötigt wird, steht in Klammern die deutsche Übersetzung!

1. Le chat n'est pas _________ la maison.
2. Alors, Mme Duval va _________ la voisine.
3. Elle va voir _________ le jardin, _________ *(hinter)* sa maison.
4. Elle va _________ la boulangerie, elle va _________ le coiffeur.
5. Elle va _________ Café Rose. Mais personne ne sait où est son chat!
6. Elle regarde partout _________ la rue, _________ *(unter)* les voitures.
7. Elle regarde même _________ les toits *(auf den Dächern)*. Pas de chat!
8. Alors, elle revient _________ la maison, toute triste …
9. Minou l'attend _________ *(vor)* la porte!

12

Einige Präpositionen können Ihnen nützlich sein, um eine Sache oder einen Ort genau zu situieren oder einen Weg zu beschreiben.
Viele dieser Präpositionen werden mit **de** gebildet.

Merken Sie sich folgende Präpositionen:
- **à droite de** – *rechts von*
- **à gauche de** – *links von*
- **au milieu de** – *mitten in*
- **en face de** – *gegenüber von*
- **près de** – *nahe bei*
- **loin de** – *weit entfernt von*

Die Präposition **vers** wird dagegen ohne **de** gebildet. Sie hat verschiedene Bedeutungen:
- in Richtung: **Cet avion va vers le Sud.**
- in der Nähe von: **Elle habite vers la place de la Bastille.**

Bon à savoir !
Verwechseln Sie nicht die beiden Ausdrücke **aller à droite** – *nach rechts gehen* und **aller tout droit** – *gerade aus gehen*.

Will man sagen, dass man links oder rechts abbiegt, benutzt man das Verb **tourner à gauche, à droite.**

Merken Sie sich auch die Redewendung **passer à côté de** – *an etwas vorbei gehen.*

13

Da Julien neu in Paris ist, kennt er sich noch nicht so gut aus. Er hat um 11 Uhr einen Termin in **Le Pré-Saint-Gervais**, aber er hat einen Stadtplan dabei! Leider weiß er noch nicht, dass heute eine Demonstration im **12. Arrondissement** stattfindet!
Sehen Sie sich den Plan an und vervollständigen Sie den Text entsprechend, indem Sie die richtigen Präpositionen in die Lücken schreiben.

1. Julien part ____________ boulevard Vincent Auriol.
2. Il passe ____________ l'Hôpital de la Pitié, puis il va ____________ le pont de Bercy.
3. Il va ____________, vers le quai de Bercy.
4. Puis il va ____________, dans la rue Rambouillet. ____________ ici, tout va bien!
5. Mais ____________ l'avenue Daumesnil, les problèmes commencent…
6. Il y a une manifestation ____________ 12e arrondissement!
7. ____________ une heure, Julien ne peut pas avancer.
8. Il arrive ____________ Nicolas Martin ____________ midi.

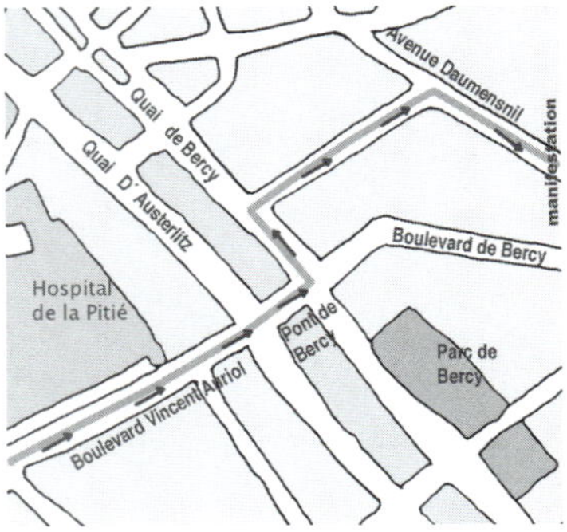

à côté de – du – à droite – à gauche – dans – pendant – vers – chez – sur – jusqu' – à partir de

14

Johnny setzt seine **Tour de France** fort. Aus Nizza, wo er seit zwei Tagen ist und noch bis zum nächsten Tag bleibt, schreibt er eine Postkarte an eine französische Freundin nach La Rochelle.
Schreiben Sie die fehlenden Präpositionen in die Lücken.

1. Salut Nadège! Me voilà ________ Nice ________ deux jours.
2. J'habite ________ un hôtel en face ________ la mer. C'est magnifique!
3. Je reste ici ________ demain.
4. Puis je pars ________ Marseille, ________ train.
5. Je reste là-bas ________ deux jours.
6. Après, je vais ________ la montagne, ________ les Pyrénées, près ________ l'Espagne.
7. Je vais donc bien sûr aussi quelques jours ________ Espagne!
8. Et ________ l'Espagne, je viens ________ toi ________ La Rochelle! ________ bientôt!

15

Sehen Sie sich die Illustrationen an und kreuzen Sie die richtige Uhrzeit an.

1

- a. une heure
- b. deux heures
- c. treize heures

2

- a. cinq heures cinq
- b. cinq heures dix
- c. cinq heures et demie

3

- a. huit heures
- b. huit heures et quart
- c. huit heures vingt

4

- a. huit heures moins le quart
- b. huit heure et demie
- c. sept heures moins le quart

5

- a. une heure et demie
- b. une heure et quart
- c. midi

6

- a. neuf heures moins vingt
- b. vingt heures quarante
- c. huit heures trente

1

Sehen Sie sich die Uhrzeit an. Zu welchem Bild passt sie? Kreuzen Sie das richtige Kästchen an.

1. Il est six heures.

a.

b.

c.

2. Il est deux heures et demie.

a.

b.

c.

3. Il est sept heures et quart.

a.

b.

c.

4. Il est cinq heures moins vingt.

a.

b.

c.

5. Il est midi dix.

a.

b.

c.

6. Il est minuit et demie.

a.

b.

c.

2

Schreiben Sie die Uhrzeiten, die Sie sehen, in Zahlen in die Lücken.

1. sept heures du matin ____________________
2. trois heures de l'après-midi ____________________
3. neuf heures et demie du matin ____________________
4. midi moins le quart ____________________
5. dix heures et demie du soir ____________________
6. une heure du matin ____________________

Präpositionen des Ortes

3

Schreiben Sie die französische Übersetzung der folgenden Präpositionen in die Lücken!

1. *unter*	____________	2. *auf*	____________
3. *hinter*	____________	4. *neben*	____________
5. *links von*	____________	6. *rechts von*	____________
7. *weit von*	____________	8. *vor*	____________
9. *nach*	____________	10. *während*	____________

4

Johnny lässt sich im Laufe seiner **Tour de France** fotografieren.
Welche Beschreibung entspricht dem jeweiligen Foto?

1

à Paris,
- ■ a. devant la Tour Eiffel
- ■ b. sous la Tour Eiffel
- ■ c. sur la Tour Eiffel

2

à Lyon,
- ■ a. devant un restaurant
- ■ b. à côté d'un restaurant
- ■ c. dans un restaurant

3

à Nice,
- ■ a. sur un bateau
- ■ b. derrière un bateau
- ■ c. dans un bateau

4

à Marseille,
- ■ a. dans l'hôtel
- ■ b. à la piscine de l'hôtel
- ■ c. dans la piscine de l'hôtel

5

à La Rochelle,
- ■ a. devant un aquarium
- ■ b. dans un aquarium
- ■ c. derrière un aquarium

1 TR. 40

Sehen Sie sich die Bilder an und lesen Sie, wer gestern was gemacht hat. Achten Sie auf die Formen des Verbs in der Vergangenheit. Die Sätze können Sie auch auf der CD hören.

J'ai travaillé au magasin de chaussures.

J'ai acheté des chaussures.

J'ai téléphoné à Mounir.

J'ai mangé dans un restaurant japonais.

J'ai dormi tout l'après-midi.

J'ai vu un film au cinéma.

Je suis allé chez le coiffeur.

Je suis allée au Café Rose.

2 TR. 41

Hier lesen Sie, was oder wo verschiedene Personen gegessen haben und was sie danach gemacht haben. Ordnen Sie die Satzteile links den entsprechenden Satzteilen rechts zu. Alle kompletten Sätze können Sie dann auf der CD hören.

1. J'ai mangé un sandwich, puis
2. Tu as mangé une soupe, puis
3. Il a trop mangé, alors
4. Nous avons mangé en ville, puis
5. Vous avez mangé chez vous, puis
6. Ils ont mangé dans un restaurant chic, alors

a. tu as fait la vaisselle.
b. nous nous sommes promenés.
c. je suis allé au bureau.
d. vous êtes allés au cinéma.
e. ils ont payé beaucoup d'argent.
f. il a eu mal au ventre.

3

Das Passé composé ist eine Vergangenheitsform, die benutzt wird, um zu berichten, was man in der Vergangenheit gemacht hat. Sie wird so gebildet:

avoir oder **être** im Präsens + Partizip Perfekt des Verbs.
J'ai mangé un sandwich. *Ich habe ein Sandwich gegessen.*
Puis je suis allé au bureau. *Dann bin ich ins Büro gegangen.*

Ergänzen Sie die Lücken mit den richtigen Formen von **avoir** oder **être** im Präsens.

1. tu ________ mangé – nous ________ mangé – ils ________ mangé
2. tu ________ allé – nous ________ allés – ils ________ allés

Beachten Sie die Satzstellung bei der Verneinung: Das zweite Verneinungselement (**pas**, **plus**) wird direkt hinter der Form von **avoir** oder **être** gestellt.

Les enfants n'ont pas rangé leur chambre.

4

Versuchen Sie, die Sätze mit der richtigen Partizipform zu vervollständigen. Die Grundform des Verbs steht in Klammern am Ende des Satzes.

1. J'ai ________ mon enfance au Maroc. (passer)
2. J'ai ________ mes études en France. (finir)
3. Pour mon bac, mon oncle m'a ________ un voyage. (offrir)

offert – passée – fini

Bon à savoir !
Ausnahmen:
venir – *venu*
courir – *couru*

Die Verben auf **-er** und **-ir** bilden das Partizip Perfekt ganz regelmäßig:

- Verben auf **-er**: Endung des Infinitivs durch **-é** ersetzt.
  J'ai mangé des frites.
- Verben auf **-ir** (der zweiten und der dritten Gruppe):
  Endung des Infinitivs durch **-i** ersetzt.
  Nous avons dormi tout l'après-midi.
  Die Verben auf **-vrir** (**ouvrir**) und **-frir** (**offrir**) bilden das Partizip Perfekt auf **-ert**:
  Je lui ai offert un cadeau, elle ne l'a pas encore ouvert.
  Ich habe ihr ein Geschenk gemacht, sie hat es noch nicht geöffnet.

5

Sehen Sie sich die Bilder an und ergänzen Sie die Lücken mit den Formen der Verben im Passé composé in der richtigen Person. Die Grundform finden Sie darunter in Klammern.

1 

nous ________
(travailler)

2 

vous ________
(jouer)

3 

il ________
(nager)

4 

tu ________
(grandir)

5 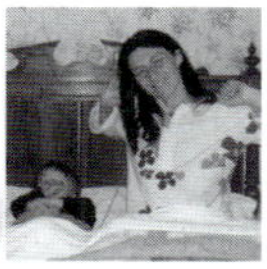

ils ________
(dormir)

6

Die meisten Verben bilden das Passé composé mit **avoir**, einige jedoch mit **être**. Es sind die Verben der Bewegungsrichtung oder des Verweilens:

aller, **arriver**, **entrer**, **partir**, **rester**, **venir**.
Thierry et Fatima sont allés à Marseille.
Mathieu et Raymond sont restés à Paris.

Verben der Bewegungsart bilden das Passé composé mit **avoir**:

marcher, **nager**, **voler**.
J'ai marché pendant une heure.

Wird das Passé composé mit **avoir** gebildet, lautet das Partizip Perfekt für alle Personen gleich:

Elle a mangé. Nous avons mangé.

Wird das Passé composé mit **être** gebildet, so gleicht sich das Partizip Perfekt in Geschlecht und Zahl dem Subjekt des Satzes wie ein Adjektiv an:

Mathieu est allé au cinéma.
Marie est allée au Café Rose.
Ils sont allés au cinéma. Elles sont allées au cinéma.

Ergänzen Sie folgende Sätze mit dem richtigen Partizip Perfekt von **partir**:

1. Mounir, Thierry et Fatiha sont __________ à Marseille.
2. Marie et sa grand-mère sont __________ en Normandie.
3. Susan est __________ en Angleterre.

Bon à savoir !

avoir und **être** im Passé composé:
Beide werden mit **avoir** gebildet. Die beiden Partizip Perfekt-Formen lauten: **eu** und **été**.
Mounir a eu son train.
Fatima et Thierry ont eu de la chance.
Il a été à Marseille.
Ils ont été à Marseille ensemble.

7 TR. 42

Mounir, Susan und Marie kommen aus dem Urlaub zurück. Sie treffen sich im Café Rose und erzählen, wie es war. Lesen Sie den Dialog und achten Sie auf die Vergangenheitsformen! Markieren Sie alle Formen, die mit **avoir** gebildet werden. Den Dialog können Sie auch auf der CD hören.

Susan: Mounir, comme tu es bronzé! Où est-ce que tu es parti en vacances?
Mounir: Je suis parti à Marseille, avec mon oncle et ma tante. Il a fait super beau toute la semaine! Nous sommes allés à la plage tous les jours, et nous nous sommes promenés dans la région …
Marie: Et tu ne m'as pas écrit!
Mounir: Euh … Si, je t'ai écrit! Mais j'ai oublié de poster la carte!
Marie: Pffff … Moi, je suis allée en Normandie, il n'a pas fait très chaud, mais je me suis bien reposée! Et j'ai trouvé du temps pour écrire à mes amis, moi!
Susan: Tu es aussi partie en famille?
Marie: Oui, avec ma grand-mère. D'abord, nous sommes allées chez mes parents. Ils habitent à Rouen. Puis, ma mère, ma grand-mère et moi, nous sommes parties quelques jours à Honfleur … entre femmes!
Susan: Vous vous êtes bien amusées?
Marie: Oh oui! Nous avons beaucoup parlé … des hommes surtout!
Mounir: Ta grand-mère aussi s'est amusée? Elle m'a dit qu'elle déteste voyager.
Susan: Mais Mounir, tu connais la grand-mère de Marie?
Mounir: Oui! Elle est venue dans mon magasin deux fois. La première fois, elle a acheté deux paires de chaussures!
Susan: Oh, tu as réussi à lui en vendre deux! Bravo!
Mounir: Et la deuxième fois, elle a rendu une paire!
Susan: Ah …
Marie: Oui *(elle rit)*, elle me l'a dit. En tout cas, elle t'a trouvé très gentil! Elle m'a demandé de tes nouvelles, et elle m'a posé beaucoup de questions sur toi! Est-ce que tu as habité au Maroc, est-ce que tu as fini tes études …
Mounir: Ha ha, elle cherche un mari pour sa petite-fille!
Marie: Très drôle! …

Il s'est promené. – Nous nous sommes promenés. Vous vous êtes bien amusées? Thierry et Fatiha se sont mariés en avril. Mounir s'est endormi dans le train.

8

Das Passé composé aller reflexiven Verben wird mit **être** gebildet, das bedeutet, dass das Partizip Perfekt in Geschlecht und Zahl an das Subjekt angeglichen wird.

9

Es gibt einige, jedoch häufige, unregelmäßige Partizipformen. Markieren Sie die Endung des Partizips, die bei all diesen Verben gleich lautet.

1. Il a fait beau toute la semaine.
2. Si, je t'ai écrit.
3. Oui, elle me l'a dit.

- Bildung des Partizips der meisten Verben auf **-re**:
  die Endung des Infinitivs **-re** wird durch **-u** ersetzt.
  Et la deuxième fois, elle a rendu une paire!
  Ausnahme: Verben des Typs **prendre** wie **apprendre** oder **comprendre** sowie **mettre**: Partizip auf **-is**.
  Vous avez appris la leçon?
  J'ai mis mon manteau.
- Verben auf **-oire**, **-oir**, **-aître**: Partizip auf **-u**:
  boire – bu, **croire – cru**, **pouvoir – pu**, **savoir – su**, **voir – vu**, **devoir – dû** (mit Accent circonflexe), **vouloir – voulu**, **connaître – connu**, **disparaître – disparu** und **lire – lu**.

Bon à savoir !
dire, **écrire** und **faire** bilden das Partizip auf **-t**.

Bon à savoir !
Ein weiteres, häufiges aber unregelmäßiges Partizip ist **né** – *geboren*, es ist das Partizip des Verbs **naître**. Das Passé composé wird mit **être** gebildet:
Mounir est né le 26 août 1973 à Casablanca.
Marie est née en 1975 à Rouen.

10

Wandeln Sie die Sätze ins Passé composé um.

1. Tu parles. ____________________
2. Vous choisissez. ____________________
3. Je ne dors pas. ____________________
4. Nous attendons. ____________________
5. Elle y va. ____________________
6. Ils ne sortent pas. ____________________

11

Mounir erzählt Mme Duval, was er im Leben gemacht hat. Die Sätze sind durcheinander geraten. Bringen Sie sie wieder in die richtige Reihenfolge.

1. Je / né / suis / à / Casablanca / .
2. J' / ai / huit / habité / y / ans / .
3. En 1983, / sont / en France / mes parents / venus / .
4. Ma sœur et moi, / sommes / nous / à l'école française / allés / .
5. J' / eu / mon bac / 1992 / en / ai / .
6. Puis / étudié / à l'université / j' / ai / l'informatique / .

12

Welche Verben bilden das Passé composé mit **être**, welche mit **avoir**? Schreiben Sie die Verben im Infinitiv in die richtige Spalte.

mit **avoir**		mit **être**

téléphoner – aller – rester – avoir – partir – courir – venir – manger – faire – promener

13 TR. 43

Mounir, Marie und Susan sind im Café Rose. Als auch noch Mathieu dazu kommt, erzählen sie, was sie alle im Urlaub gemacht haben. Wählen Sie die richtigen Partizipformen in den folgenden Sätzen. Diese können Sie auch auf der CD hören.

1. Et toi, Susan, tu es *aller / allé / allée* en Angleterre?
2. Oui! Et la famille de Julien est *venu / venue / venus* me voir.
3. Ils sont *resté / restés / restées* deux jours chez moi puis ils sont *parti / partis / parties* en Ecosse.
4. Et toi, Mathieu, tu es *parti / partis / partie?*
5. Non, je suis *rester / resté / restée* à Paris, et Raymond aussi… Nous avons *travailler / travaillé / travaille!*
6. Oh, vous n'avez pas *eu / ai / eux* de vacances?
7. Si, mais en avril déjà! En tout cas, nous nous sommes bien *amusés / amusé / amusées* à Paris.
8. Nous sommes *sorti / sortis / sorties* dans des bars… et nous avons *faite / faites / fait* la connaissance de deux Suédoises!

14

Sehen Sie sich die Bilder an und ergänzen Sie die Lücken mit der richtigen Form des Verbs im Passé composé. Das Verb wird im Infinitiv in Klammern angegeben.

1

J'ai ______________
un gâteau. (faire)

2

Il ______________
tout le gâteau. (manger)

3

J' ______________
la vaisselle. (laver)

4

Je ______________
dans un bar. (aller)

5

J' ______________
deux bières. (boire)

6

J' ______________
deux heures! (dormir)

15

Mathilde trifft in Paris eine alte Freundin, Catherine, mit der sie studiert hat. Zuerst erzählt Catherine von den vergangenen Jahren, dann erkundigt sie sich nach Mathilde und ihrer Familie.

Schreiben Sie das Passé composé der vorgegebenen Verben in die Lücken.

1. J' __________ mes études (finir), puis je __________ au Canada (partir).
2. Je n' __________ pas la France pendant 12 ans (voir)!
3. Et cette année, enfin, j' __________ vraiment __________ venir (vouloir).
4. J' __________ des vacances, et me voilà à Paris! (prendre)
5. Et toi, qu'est-ce que tu __________ (devenir)? Comment va ta petite famille?
6. Bien! Julien __________ du travail à Paris (trouver), et nous __________ ici (venir).

Bon à savoir !

Steht **il y a** vor einer Zeitangabe, bedeutet der Ausdruck nicht es gibt, sondern vor: **Nous sommes arrivés il y a deux mois.** *Wir sind vor 2 Monaten angekommen.*

16

Sehen Sie sich die Gruppen von Begriffen an. In jeder Gruppe befindet sich ein Wort, das kein Partizip Perfekt ist. Kreuzen Sie es an!

1. a. fini
   b. couru
   c. choisi
   d. ami

2. a. joli
   b. grandi
   c. dormi
   d. parti

3. a. attendu
   b. du
   c. su
   d. pu

4. a. cru
   b. bu
   c. dû
   d. tu

5. a. mis
   b. pris
   c. appris
   d. gris

6. a. partis
   b. sortis
   c. venus
   d. pastis

7. a. lit
   b. dit
   c. fait
   d. écrit

8. a. parlé
   b. télé
   c. né
   d. travaillé

9. a. acheté
   b. allé
   c. olé
   d. été

10. a. rendu
    b. rosé
    c. fait
    d. sorti

11. a. allée
    b. année
    c. amusée
    d. arrivée

12. a. vert
    b. ouvert
    c. offert
    d. voulu

13. a. mardi
    b. chanté
    c. appris
    d. vu

14. a. rendu
    b. connu
    c. eu
    d. bleu

15. a. prix
    b. acheté
    c. vendu
    d. payé

Das Passé composé

1

Schreiben Sie die Partizipien der vorgegebenen Verben in die Lücken.

1. parler ____________________
2. avoir ____________________
3. finir ____________________
4. venir ____________________
5. rendre ____________________
6. prendre ____________________

2

Wird das Passé composé dieser Verben mit **avoir** oder **être** gebildet? Unterstreichen Sie die richtige Form.

1. Mounir *a / est* parti à Marseille avec Thierry et Fatiha.
2. Ils *ont / sont* restés une semaine là-bas.
3. Il *a / est* fait très beau.
4. Ils *ont / sont* allés à la plage, ils *ont / sont* nagé.
5. Ils se *ont / sont* promenés dans la région.
6. Mounir n' *a / est* pas pu écrire à Marie.
7. Il n' *a / est* pas eu le temps. Ou alors … il n'y *a /est* pas pensé!

Das Passé composé

3

Schreiben Sie die vorgegebenen Verben im Passé composé in die Lücken!

1. faire — Julien ___________ des étude de technique, Mathilde de biologie.
2. se marier — Ils ___________ après leurs études.
3. naître, avoir — Un an après, Chloë ___________. Puis ils ___________ un deuxième enfant, Jonas.
4. rester, devoir — Ils ___________ à Perpignan encore 8 ans. Puis ils ___________ partir à Paris.
5. trouver — Julien ___________ un bon travail là-bas.

4

Wandeln Sie diese Sätze ins Passé composé um. Schreiben Sie die ganzen Sätze in die Lücken.

1. Nous finissons de manger.

____

2. Elles viennent et elles partent.

____

3. Je ne comprends pas.

____

4. Il veut donc il peut.

____

5. Elle va au cinéma et elle y dort.

____

6. Elles s'amusent.

____

1 TR. 44

Basketball trifft auf Laufen! Da die beiden hier versuchen, sich Konkurrenz zu machen, können Sie sich schon einmal auf die Steigerung des Adjektivs vorbereiten. Sehen Sie sich das Bild an und lesen Sie die Äußerungen der beiden. Versuchen Sie dann, diese der richtigen Person zuzuordnen! Die Sätze können Sie auch auf der CD hören!

1. Je suis plus grand que toi.
2. Tu es plus petite que moi.
3. Je suis peut-être moins grande que toi.
4. Mais je suis aussi sportive que toi!
5. Et je suis plus rapide que toi.

Die Läuferin: ____________________

Der Basketballer: ____________________

2

Mathieu und Mounir reden gerne über Sport, auch wenn sie selbst nicht sehr aktiv sind! Lesen Sie die Sätze, in denen Adverbien verwendet werden. Welche Äußerungen gehören zusammen? Scheiben Sie die Zahlen-Buchstaben-Paare in die Lücken.

1. Zinedine Zidane, il est très sportif!
2. Et toi, Mathieu, tu fais souvent du sport?
3. Non, pas vraiment. Heureusement, il y a une piscine près de chez moi et j'aime bien nager.

a. Non, rarement... Pourquoi? Tu es un sportif, toi?
b. Ben oui, évidemment! C'est son métier!
c. Donc j'y vais assez souvent!

1. ____________ 2. ____________ 3. ____________

3

Jonas und Chloé wetteifern. Sehen Sie sich das Bild links an und lesen Sie den Dialog der beiden:

Jonas: Je nage plus vite que toi.
Chloé: Oui, mais tu cours moins vite que moi.
Jonas: Ce n'est pas vrai, je cours aussi vite que toi!

Bon à savoir !
Unregelmäßige Formen des Komparativs:
bon, bonne ▸ **meilleur, -e**
mauvais, -e im Sinne von *schlimm* ▸ **pire**
petit, -e im Sinne von *gering* ▸ **moindre**

Bildung des Komparativs:

zum Ausdruck der Überlegenheit:	**plus**	+ Adjektiv / Adverb + **que**
Unterlegenheit:	**moins**	+ Adjektiv / Adverb + **que**
Gleichheit:	**aussi**	+ Adjektiv / Adverb + **que**

Das Adjektiv richtet sich in Geschlecht und Zahl nach dem Substantiv, auf das es sich bezieht.

Mathilde est aussi sportive que Julien.
Chloé et Jonas sont aussi sportifs qu'eux.

Bon à savoir !
Das Französische **moins que** entspricht im Deutschen häufig dem Adjektiv mit der entgegengesetzten Bedeutung im Komparativ:
Il est plus grand qu'elle. *Er ist größer als sie.*

Die Steigerungselemente **plus** und **moins** werden auch benutzt:

- vor Partizipien Perfekt: **Il a plus joué que travaillé.**
- vor Substantiven, dann mit **de: Il a moins de chaussures qu'elle.**
- vor Zeit- oder Altersangaben, nur mit **de** und ohne **que**:
  Il a nagé plus d'une heure.
  Il a plus de 18 ans.

4

Sehen Sie sich die Bilder an und schreiben Sie die Steigerungsform des jeweiligen Adjektivs in Klammern in die Lücke.

1. 

Le ballon de basket est ____________________ le ballon de football. (grand)

2. 

Le jean est ____________________ le pantalon noir. (court)

5

Sehen Sie sich die beiden Bilder an und lesen Sie die Äußerungen von Jonas:

Je suis le meilleur nageur!

Je suis le plus fort!

Bildung des Superlatives: **le**, **la**, **les** + **plus** oder **moins**

Je suis le plus rapide!
Chloé est la plus grande.

Ein Substantiv kann oft folgen, zumindest bei kurzen, häufig gebrauchten Adjektiven:

C'est le plus grand joueur. – C'est la moins bonne coureuse.
Ce sont les plus lents coureurs du monde.

Längere Adjektive kommen aber nach dem Substantiv, wobei der Artikel sich sozusagen verdoppelt:

Ce sont les coureurs les plus rapides.

Das Wort, auf das sich der Vergleich bezieht, wird mit der Präposition **de** angeschlossen:

C'est le plus petit joueur de l'équipe.
Ce sont les coureurs les plus rapides du monde!

Bon à savoir !
Den Superlativ benutzt man im Französischen auch dann, wenn nur 2 Personen verglichen werden!
le plus fort bedeutet also *der Stärkere* oder auch *der Stärkste*.

6

Es ist Karneval! Die Familie Juliens hat sich als die Dalton Brüder verkleidet. Sehen Sie sich das Bild an und entscheiden Sie dann, ob die Sätze stimmen. Streichen Sie die Sätze durch, die falsch sind.

1. Mathilde est plus petite que Julien.
2. Mathilde est moins grande que Chloé.
3. Jonas est aussi grand que Chloé.
4. Jonas est moins grand que Chloé.
5. Jonas est plus petit que Julien.
6. Julien est le plus grand de la famille.
7. Mathilde est la plus petite.
8. Chloé et Julien sont les plus petits.

7 TR. 45

Verbinden Sie die Sätze links mit ihren richtigen Übersetzungen rechts! Die Sätze können Sie auch auf der CD hören!

1. Il est plus rapide qu'elle.	a. *Sie ist schneller als er.*
2. Il est moins rapide qu'elle.	b. *Sie ist langsamer als er.*
3. Elle est plus lente que lui.	c. *Er ist schneller als sie.*
4. Elle est moins lente que lui.	d. *Er ist der Schnellste.*
5. Il est le plus rapide.	e. *Er ist langsamer als sie.*
6. Il est le moins rapide.	f. *Er ist der Langsamste.*

8 TR. 46

Im Presseunternehmen, in dem Julien, Mathieu, Marie und Susan arbeiten, wird auch Sport getrieben! Die Kollegen des Teams organisieren ein kleines Basketballspiel, bei dem die Frauen gegen die Männer spielen sollen. Julien ruft Mounir an, um ihn zu fragen, ob er mitspielen möchte, da die Männer in der Unterzahl sind.
Lesen Sie den Dialog und markieren Sie alle Adverbien im Text, die auf **-ment** enden! Den Dialog können Sie auch auf der CD hören!

Julien: Demain, nous organisons un match de basket avec l'équipe du journal… Les filles contre les garçons! Tu veux jouer avec nous?

Mounir: Oui, évidemment, je veux bien! Mais je ne joue pas très bien, tu sais! En tout cas, je suis moins bon que toi.

Julien: Oh, ce n'est pas grave, on ne joue pas sérieusement! C'est surtout pour s'amuser! Et puis… on joue contre des filles!

Mounir: Bon, si ce n'est pas sérieux… c'est d'accord! Qui joue avec nous?

Julien: Raymond et Mathieu… Raymond joue assez bien, il court très vite! Et Mathieu, euh… il est moins rapide que Raymond, et il joue assez mal… Mais il est grand, c'est déjà bien!

Mounir: Oui… Mathieu n'est pas très sportif… Mais nous sommes seulement quatre?

Julien: Oui, pour le moment… Il manque encore une personne. J'ai pensé à ton oncle Thierry, je sais qu'il adore le sport.

Mounir: Thierry? Oh là là, il est vraiment mauvais. Il n'y a pas de pire sportif que lui!

Julien: Ah bon? Mais… il parle toujours de sport!

Mounir: Oui, ben… Il en fait rarement! … Les gens qui en parlent le plus en font le moins!

Julien: Bon, mais tu peux quand même lui proposer...

Mounir: Oui, naturellement… Je lui téléphone ce soir et je lui demande!

9

Manche Sportarten sind **fatigant** *(anstrengend)*, andere sind **ennuyeux** *(langweilig)* und außerdem gibt es auch verschiedene Sportlertypen. Ergänzen Sie die Lücken mit der französischen Übersetzung der in Klammern angegebenen Adjektive.

1. Susan fait ______________ *(oft)* du sport, trois fois par semaine.
2. Et ce n'est pas ______________ *(nur)* pour s'amuser.
3. Elle en fait ______________ *(ernsthaft)*.
4. Elle va ______________ *(zuerst)* dans une salle de sport, et ______________ *(danach)* à la piscine.
5. _______ *(dort)*, elle peut nager ________ *(lange)*, pendant une heure.
6. Thierry, lui, il parle ______________ *(immer)* de sport, mais il en fait ______________ *(selten)*.
7. Les gens qui en parlent ______________ *(am meisten)* en font ______________ *(am wenigsten)*!
8. Mais... il aime ______________ *(gerne)* jouer à la pétanque...
9. Ce n'est pas un sport ______________ *(sehr)* fatigant!
10. Mais courir, ça, c'est ______________ *(wirklich)* trop ennuyeux!
11. Sauf à la télé, ______________ *(natürlich)*!

10

Will man die Art und Weise beschreiben, mit der jemand etwas tut, so benutzt man ein Adverb. Ein Verb kann also durch ein Adverb genauer bestimmt werden. Adverbien sind unveränderlich und stehen meistens direkt nach dem konjugierten Verb:

Tu nages bien. – Tu as bien nagé.
Elle parle couramment le français.

Adverbien können auch ein Adjektiv oder ein anderes Adverb näher bestimmen:

Il est très fort. – Elle nage assez bien.

Adverbien können aber auch einen ganzen Satz bzw. einen Satzteil näher definieren. Es handelt sich dabei meist um Adverbien des Ortes oder der Zeit oder Adverbien, die die Haltung des Sprechers zum Gesagten verdeutlichen. Sie stehen dann entweder ganz am Anfang oder ganz am Ende des Satzes.

Ils sont restés une semaine là-bas.
Aujourd'hui, je vais à la piscine.

Ortsadverbien:
ici – *da*
là – *hier, dort*
là-bas – *dort*

Zeitadverbien:
aujourd'hui – *heute*
demain – *morgen*
hier – *gestern*
maintenant – *jetzt*
toujours – *immer*
souvent – *oft*
parfois – *manchmal*
jamais – *nie*
longtemps – *lange*
déjà – *schon*
encore – *noch, noch immer*
d'abord – *zuerst*
ensuite – *danach*
enfin – *endlich, schließlich*
tard – *spät*
tôt – *früh*
bientôt – *bald*

Mengenadverbien:
beaucoup – *viel*
trop – *zuviel*
assez – *ziemlich, genug*
peu – *wenig*

11

Im Französischen muss man zwischen Adjektiv und Adverb unterscheiden, denn sie haben verschiedene Formen. Vergleichen Sie zum Beispiel diese beiden Sätze:

Cette histoire est vraie.
Je suis vraiment plus grande!

Bildung des Adverbs: weibliche Form des Adjektivs + **-ment**

naturel, naturelle ▸ naturellement
seul, seule ▸ seulement

Endet die männliche Form des Adjektivs schon auf **-e** oder einen anderen Vokal, so wird einfach **-ment** an die männliche Form angehängt:

facile ▸ facilement – vrai ▸ vraiment

Adjektive auf **-ant** und **-ent** bilden das Adverb auf **-amment** und **-emment**:

courant ▸ couramment – évident ▸ évidemment

12

Einige Adverbien haben der Bedeutung nach entsprechende Adjektive, enden dennoch nicht auf **-ment**. Sie sind zwar von der Bedeutung her verwandt, haben aber unterschiedliche Formen. Sehen Sie sich folgende Beispiele an:

C'est un bon nageur. Il nage bien.
C'est un mauvais nageur. Il nage mal.
C'est un nageur rapide. Il nage vite.

Das Adverb lässt sich genauso wie das Adjektiv steigern:

Elle travaille plus sérieusement que son frère.
Il court le moins vite de l'équipe.
Je nage mieux que vous!

Sonderformen des Adverbs:

- **bon, -ne** ▸ Adverb **bien**
  Vous allez bien?
  Tout est bien qui finit bien. *Ende gut, alles gut.*
- **meilleur, -e** ▸ Adverb **mieux**
  Vous allez mieux?
  Tant mieux! *Um so besser!*
- **mauvais, -e** ▸ Adverb **mal**
  Il va mal.
- **rapide** ▸ Adverb **vite** oder **rapidement**
  Il va trop vite.

13

Adverbien werden aus Adjektiven gebildet! Schreiben Sie die Adverbform des vorgegebenen Adjektivs in die Lücke.

1. Le match a commencé depuis ________________ (exact) trois minutes.
2. Marie est ____________________ (absolu) sûre que son équipe est la meilleure.
3. Mounir n'est pas ________________ (complet) d'accord.
4. Fatiha ne joue pas très ________________ (bon).
5. En tout cas, elle joue ________________ (meilleur) que Thierry.
6. Lui, il joue vraiment ________________ (mauvais).
7. ________________ (final), Marie a raison, l'équipe des femmes n'est pas mauvaise.
8. Elles vont ________________ (sûr) gagner!

14

Das Basketballspiel zwischen den Frauen und den Männern des Presseunternehmens ist in vollem Gange. Und Sie sind der Kommentator! Achten Sie genau darauf, richtig zwischen Adjektiven und Adverbien zu unterscheiden!

1. Raymond court *vite / rapide*. Mais Susan est aussi *vite / rapide* que lui.
2. Marie est une *bonne / bien* joueuse, elle joue souvent au basket.
3. Tanja est encore *meilleure / mieux*, elle joue *meilleure / mieux* que tous les autres!
4. Mounir, lui, s'amuse beaucoup. Il ne joue pas *sérieusement / sérieux!*
5. Et Fatiha non plus n'est pas très *sérieusement / sérieuse!* Elle parle tout le temps avec Mounir!
6. Ah! Thierry a encore dormi. Il ne joue *vraiment / vrai* pas *bien / bon!*
7. Alors Fatiha lui dit: «Tu es le plus *mauvais / mal* de tous les joueurs!»
8. «Ce n'est pas *vraiment / vrai!*», dit-il. «Tu joues aussi *mauvais / mal* que moi!»

15

Die Frauen in Juliens Presseunternehmen bilden die Gegnermannschaft zu den Männern. Nur leider ist alles durcheinander geraten! Helfen Sie mit, so dass in der Damenmannschaft wieder alles klarer wird, indem Sie die Satzteile in die richtige Reihenfolge bringen.

1. Susan est / grande / et elle joue / au basket / bien / très / .
2. Marie est / plus / Susan mais / elle court / vite / petite que / .
3. Mathilde / la / moins / de l'équipe / est / grande / .
4. Mais elle / aussi / que / bien / joue / Marie / .
5. Fatiha / jamais / de basket / fait / n'a / .
6. Elle / moins / que / bien / joue / les autres / .
7. Tanja / la / forte / est / de l'équipe / plus / .
8. Elle / encore mieux / les / joue / garçons / que / .

16

Streichen Sie in jeder Gruppe das Wort, das kein Adverb ist!

1. arrondissement – évidemment – naturellement – vraiment
2. souvent – rarement – toujours – appartement
3. vraiment – marchand – maintenant – seulement
4. moment – sérieusement – lentement – facilement
5. souvent – maintenant – parent – mal
6. vite – enfant – souvent – rapidement
7. instrument – vraiment – méchamment – joliment
8. client – maintenant – rarement – bien
9. bien – mal – cent – vite
10. bien – mauvais – mieux – souvent
11. ingrédient – heureusement – maintenant – jamais
12. heureusement – évident – naturellement – souvent
13. vite – rapide – lentement – rapidement
14. facilement – vraiment – argent – complètement
15. meilleur – bien – mal – mieux

1

Sehen Sie sich die Bilder an und vervollständigen Sie die Sätze mit den passenden Steigerungswörtern (**plus**, **moins**, **aussi**).

1. Chloé est ____________ grande que Mathilde.

2. Chloé est ____________ grande que Jonas.

3. Julien est ____________ grand que Mathilde.

4. Mathilde est ____________ grande que Chloé.

5. Jonas est ____________ grand que Mathilde.

2

Geben Sie die Adverbform der vorgegebenen Adjektive in die Lücken ein!

1. complet ____________________
2. sérieux ____________________
3. naturel ____________________
4. vrai ____________________
5. évident ____________________
6. rapide ____________________
7. mauvais ____________________
8. bon ____________________

Adjektive / Adverbien

3

Sehen Sie sich die Sätze an. Unterstreichen Sie das richtige Adjektiv oder Adverb!

1. La famille de Julien est *vrai / vraie / vraiment* une famille de sportifs.
2. Le petit Jonas nage *rapide / vite / rapides* et *bon / bonne / bien*.
3. Sa sœur Chloé est aussi une *bon / bonne / bien* sportive.
4. Mais elle est moins *rapide / vite / rapidement* que son petit frère!
5. Par contre, elle est plus *grande / grand / grandement* que lui.
6. C'est *normal / normale / normalement*, elle a 14 ans!
7. *Evident / Evidente / Evidemment*, leur mère Mathilde nage encore mieux qu'eux.
8. Elle fait du sport *sérieux / sérieuse / sérieusement*, deux fois par semaine.

4

Vervollständigen Sie die Sätze mit **bon**, **bien**, **meilleur** oder **mieux**! Vergessen Sie dabei nicht, die Adjektive **bon** und **meilleur** anzupassen!

1. Thierry et Fatiha ne sont pas de ____________ joueurs de basket.
2. Thierry aime ____________ le basket, mais seulement à la télé!
3. Mais il est un très ____________ joueur de pétanque.
4. Il est ____________ que Mounir.
5. Et Mounir n'est pas content de jouer moins ____________ que son oncle.
6. Et sa tante aussi est ____________ que lui!
7. „Vous jouez ____________ que moi, parce que vous jouez plus souvent!"

1 TR. 47

Was wird aus Susan, Mounir und den anderen werden? Lesen Sie folgende Sätze, um es zu erfahren. Gleichzeitig können Sie sich mit der Zeitform der Zukunft vertraut machen. Die Sätze können Sie auch auf der CD hören.

1. Susan va rentrer en Angleterre.
2. Julien ne va pas partir.
3. Mathieu aussi va rester à Paris.
4. Mounir va s'installer en Belgique.
5. Et Marie, qu'est-ce qu'elle va faire?

2 TR. 48

Häufig benutzt man die Formen der Zukunft zusammen mit verschiedenen Zeitangaben. Ordnen Sie die Zeitangaben oben den passenden Sätzen unten zu – die Bilder helfen Ihnen dabei! Die Sätze können Sie auch auf der CD hören.

1. La semaine prochaine,
2. Cet après-midi,
3. Le 14 juillet,
4. Dans quelques minutes
5. Un jour,

a. je vais aller au Louvre.
b. le train va partir.
c. ils vont être célèbres.
d. elle va partir en vacances.
e. nous allons faire une fête.

1. ____________
2. ____________
3. ____________
4. ____________
5. ____________

3

Die Zukunft wird im Französischen mit dem Verb **aller** gebildet. In den Sätzen unten fehlen die Personalpronomen. Sehen Sie sich die Verbformen von **aller** an und ergänzen Sie die Lücken.

1.  Je ______________________________.
2.  Tu ______________________________.
3.  Elle ______________________________.
4.  Vous ______________________________!
5.  Ils ______________________________.

a. vas rester à Paris b. va rentrer en Angleterre c. vont me manquer d. vais travailler en Belgique e. allez venir me voir à Londres

4

Um die Zeitform des **Futur proche** *(Nahe Zukunft)* bilden zu können, muss man die Formen von **aller** in der Gegenwart gut beherrschen, denn das **Futur proche** setzt sich aus **aller** + Infinitiv des jeweiligen Verbs zusammen. Üben Sie hier die Formen von **aller** und vervollständigen Sie die Sätze! Das **Futur proche** wird auch **Futur composé** genannt.

1. Susan ____________ rentrer en Angleterre.
2. Nous ____________ fêter son départ au Café Rose.
3. Vous ____________ lui faire un cadeau?
4. Oui, moi, je ____________ lui acheter un livre de cuisine française.
5. Julien et Mathilde ____________ venir avec des fleurs.
6. Et toi, qu'est-ce que tu ____________ lui offrir?
7. Je ne sais pas encore … Je ____________ réfléchir.

5

Diese Sätze sind durcheinander geraten! Bingen Sie sie wieder in die richtige Reihenfolge!

1. travailler / en Belgique / Il va / . ______________________
2. Nous / allons / pas / partir / n' / . ______________________
3. manquer / Ils vont / me / . ______________________

Die Zukunft wird im Französischen aus der Gegenwartsform von **aller** und dem Infinitiv des jeweiligen Verbs gebildet:

Mounir et Susan vont partir de Paris.
Et toi, où est-ce que tu vas habiter cette année?

Dieses **Futur proche** wird verwendet:

- für eine nahe Zukunft: **Il va manger le petit four.**
- für Wünsche, Pläne oder Entschlüsse: **Nous allons rester à Paris.**
- wenn man gute Vorsätze fasst: **Je vais arrêter de fumer.**
- für Ratschläge, Bitten, bzw. Befehle: **Vous aller venir me voir à Londres, j'espère!**

Der Infinitiv steht nach der sich verändernden Verbform von **aller**. Zwischen beiden kommen jedoch:

- das zweite Verneinungselement einer Verneinung: **Je ne vais pas manger ce petit four. – Ils ne vont plus habiter à Paris.**
- die Objektpronomen sowie die Pronomen **y** und **en**: **Je ne vais pas le manger! – Ils ne vont plus y habiter.**
- kurze, häufig benutzte Adverbien wie **bien**, **beaucoup**, **peu** … : **Je vais beaucoup travailler en Belgique.**

6

Das Verb **aller** verwendet man zur Bildung der Zukunftsform des **Futur proche**, es bedeutet aber im ersten Sinne *gehen*. Sehen Sie sich diese Sätze an und entscheiden Sie, ob die Sätze im Futur stehen – dann machen Sie einen Häkchen dahinter – oder ob das Verb **aller** im Sinne von *gehen* verwendet wird – dann machen Sie ein Kreuz dahinter.

1. Le mois prochain, Mounir va partir à Bruxelles. ☐
2. Je vais maintenant au cinéma, tu veux venir? ☐
3. Je ne peux pas, je dois aller travailler. ☐
4. Mardi prochain, nous allons nager à la piscine. ☐
5. Elle va tous les jours nager à la piscine. ☐
6. Moi, j'y suis allée hier. ☐
7. Bonjour, comment allez-vous? ☐
8. Qu'est-ce que vous allez faire cette année? ☐

7

Susan wird bald nach England zurückkehren. Zum Abschied trifft sie sich noch einmal mit ihren Arbeitskollegen Mathieu, Julien und Marie im Café Rose. Auch Mathilde, Juliens Frau ist dabei.

Lesen Sie den Dialog und achten Sie dabei besonders auf die Zukunftsformen. Den Dialog können Sie auch auf der CD hören.

Mathieu: Ah Susan, tu vas nous manquer! Le bureau va être vide, sans toi!

Susan: C'est gentil, Mathieu. Vous allez me manquer, vous aussi! Et puis le Café Rose aussi va me manquer!

Marie: Ne t'en fais pas, Susan, nous allons nous revoir bientôt.

Susan: Oui… vous allez venir me voir à Londres cette année ou l'année prochaine, j'espère!

Marie: Ah oui, avec plaisir! Mais pour le Café Rose, tu vas devoir revenir à Paris!

Susan: Oui, bien sûr que je vais revenir! Pas seulement pour le Café Rose, aussi pour le petit marché de Bastille, pour le canal Saint-Martin… et pour vous voir, évidemment!

Marie: Est-ce que tu sais déjà quand tu vas revenir?

Susan: Oui, je vais sûrement passer quelques jours ici à Noël… enfin, avant Noël, entre le 17 et le 20 décembre, pour acheter des cadeaux «made in Paris»!

Mathilde: Chouette, on va faire les courses de Noël ensemble, alors! Ça va être super!

Susan: Oui, quelle bonne idée! Et Marie va venir avec nous, c'est une experte du shopping parisien.

Marie: Euh… je ne sais pas si je vais être là en décembre…

Mathilde: Ah bon? Ne me dis pas que tu vas quitter Paris cette année, toi aussi!

Marie: Et si! … Mon contrat avec le journal va se finir le 1er octobre, et je vais chercher du travail… en Belgique!

Mathieu: En Belgique! Mais… Mounir aussi, il va s'installer en Belgique, non?

Marie: Euh… si! En fait, nous allons nous installer ensemble.

Tous: Hein? Quoi?

Susan: Ah, ça, c'est vraiment une surprise!

8

Susan und Marie sind im Café Rose geblieben, sie sprechen darüber, wann sie sich wiedersehen werden. Die Sätze des Gesprächs sind durcheinander geraten. Bringen Sie sie wieder in die richtige Reihenfolge.

1. Quand / nous / nous revoir / allons / est-ce que / ?

   ____

2. Je / passer quelques jours / en décembre / à Paris / vais / .

   ____

3. Tu / vas / ne / être là / et Mounir non plus / pas / .

   ____

4. Mais vous / bientôt / à Londres / me rendre visite /allez / .

   ____

5. Je / naturellement / à votre mariage / venir / vais / !

   ____

6. Mais Susan, / nous / pas / n' / nous marier / allons / !

   ____

7. Oh, mais si! / on / faire / une belle fête / va / Comme ça / !

   ____

9

Mounir und Marie stellen sich schon ihr künftiges Leben zu zweit vor. Sehen Sie sich alle Sätze an und vervollständigen Sie sie mit den passenden Formen des Verbs **aller**.

1. Marie: Mounir et moi, nous *vais / allons / allez* habiter à Bruxelles.
2. Mounir: Moi, je *va / vais / vas* travailler dans une entreprise d'informatique.
3. Mounir: Elle *vas / vont / va* chercher du travail comme journaliste. Elle *va / vais / vas* me faire des bons petits plats... hein, Marie?
4. Marie: D'accord, Mounir... Mais toi, tu *vas / va / vais* faire les courses!
5. Marie: Et le dimanche, nous *vont / allons / allez* nous lever tôt et nous promener!
6. Mounir: Ah non! Toi, tu *vais / vas / vont* te lever tôt... Moi, je *vais / vas / vont* me lever à midi, comme tous les dimanches!

10

Hier sehen Sie, welche Vorsätze sich Mounir und Marie für ihren neuen Lebensabschnitt zu zweit gemacht haben.
Schreiben Sie die passenden Formen des Verbs **aller** und die darauf folgende Grundform in der richtigen Reihenfolge in die Lücken.

1. Cette année, ils ________ ________________ plus de sport.
2. A partir de maintenant, nous ________ ________________ seulement des produits bio.
3. La semaine prochaine, je ________ ________________ un régime.
4. On ________ ________________ ensemble le dimanche.
5. Pendant les vacances, je ________ ________________ de fumer.
6. Nous ________ nous ________________ tôt.
7. Le matin, je ________ ________________ à manger aux chats.
8. Nous ________ ________________ deux enfants!

vont – essayer – allons – commencer – acheter – vais – va – courir – aller – vais – allons – lever – arrêter – donner – allons – avoir – vais – faire

11

Während die Erwachsenen Pläne machen und gute Vorsätze fassen, träumen die Kinder von ihrem künftigen Leben! Vervollständigen Sie die Aussagen von Chloé und Jonas mit der passenden Futurform des hinten in Klammern angegebenen Verbs.

1. **Chloé:** Moi, plus tard, je ________ me ________ avec un acteur célèbre. (se marier)

2. **Chloé:** Nous ________ une maison au bord de la mer. (avoir)
3. **Jonas:** Moi, plus tard, je ________ Superman! (être)

4. **Jonas:** Toutes les filles ________ m' ________! (adorer)
5. **Mathilde:** Oui, oui, les enfants... Mais vous ________ d'abord ________ vos devoirs! (faire)

12

Lesen Sie die drei folgenden Sätze und versuchen Sie zu erraten, worin der Bedeutungsunterschied im jeweiligen Satz liegen könnte.

1. Un matin, le chat a disparu.
2. Le matin, Mme Duval fait les courses.
3. Ce matin, Mounir va partir en vacances.

- Unbestimmter Artikel + Tages- oder Zeitangaben ▶ unbestimmter Zeitpunkt, meist in der Zukunft oder in der Vergangenheit.
  Un jour, elle va être célèbre.
- Bestimmter Artikel + Tages- oder Zeitangabe ▶ sich wiederholende Handlung.
  Le samedi, elle se promène au parc des Buttes-Chaumont.
  Le week-end, elle mange souvent au restaurant avec Marie.
- Demonstrativbegleiter + Tages- oder Zeitangabe ▶ Zeitabschnitt des laufenden Tages oder Jahres.
  cette année – ce matin – cet après-midi – ce soir
- Wochentag ohne Begleiter ▶ Angabe des bevorstehenden Tages der Woche.
  Samedi, je pars en Belgique.

Bon à savoir !

Folgende Zeitangaben werden häufig gebraucht:
bientôt – *bald*
demain – *morgen*
après-demain – *übermorgen*
hier – *gestern*
avant-hier – *vorgestern*

dans + Zeitangabe – *in…*
il y a + Zeitangabe – *vor…*

… prochain,e – *nächste, -r,-s*
dernier, -ère – *letzte, -r, -s*

le + Datum – *am…*

13

Lesen Sie die folgenden Sätze und achten Sie besonders auf die fett markierten Begleiter von Zeitangaben. Wählen Sie dann die richtige Übersetzung des markierten Satzteils.

1. Ne t'en fais pas, Susan, nous allons nous revoir **dans trois mois.**
   a. *in drei Monaten* b. *seit drei Monaten* c. *vor drei Monaten*
2. **Le matin**, Mounir est fatigué.
   a. *an diesem Morgen* b. *morgens* c. *heute morgen*
3. **Cet après-midi**, je vais aller au Louvre.
   a. *jeden Nachmittag* b. *morgen Nachmittag* c. *heute Nachmittag*
4. Ne me dis pas que tu vas quitter Paris **cette année**, toi aussi!
   a. *jedes Jahr* b. *nächstes Jahr* c. *dieses Jahr*
5. **Le samedi**, il travaille.
   a. *samstags* b. *am nächsten Samstag* c. *letzten Samstag*
6. **Ce samedi**, il va à la plage.
   a. *samstags* b. *diesen Samstag* c. *letzten Samstag*

14

Je nach Begleiter kann sich der Sinn einer Zeitangabe ändern. *Jeden Abend* oder *heute Abend*? Schreiben Sie die fehlenden Begleiter in die Lücken.

1. _______ matin, je prends toujours le métro pour aller au travail.
2. Son anniversaire est _______ 22 mai.
3. _______ jour, je vais tout lui dire.
4. Je vais venir entre _______ 17 et _______ 20 décembre.
5. Tu vas quitter Paris _______ année.
6. Tu viens au cinéma avec moi _______ vendredi?

15

Jeder Abschied fällt schwer! Übersetzen Sie die deutschen Sätze, die Sie links sehen und die man bei einem Abschied häufig hören kann, ins Französische! Der erste Buchstabe steht zur Hilfe schon geschrieben.
Au revoir!

1. *Du wirst mir fehlen!* T... ____________________
2. *Ich werde dir schreiben!* J... ____________________
3. *Wir werden telefonieren!* N... ____________________
4. *Ich werde zurückkommen!* J... ____________________
5. *Bis nächste Woche!* À... ____________________
6. *Bis nächstes Jahr!* À... ____________________
7. *Ihr werdet mir auch fehlen!* V... ____________________
8. *Das wird super!* Ç... ____________________
9. *Wo wirst du wohnen?* O... ____________________
10. *Was wirst du machen?* Q... ____________________
11. *Ich werde dir meine Adresse geben.* J... ____________________
12. *Bis morgen!* À... ____________________
13. *Sie wird mir fehlen!* E... ____________________
14. *Ich werde immer an dich denken!* J... ____________________
15. *Auf Wiedersehen!* A... ____________________
16. *Bis bald!* À... ____________________

1

Schreiben Sie die fehlenden Formen des Verbs **aller** zur Bildung der Futurform in die jeweilige Lücke.

1. Susan et toi, vous ____________ quitter Paris.
2. Mathieu, Julien et Raymond ____________ rester à Paris.
3. Mounir et Marie ____________ s'installer en Belgique.
4. Mais nous n' ____________ pas nous marier.
5. Susan n'est jamais allée à Bruxelles, mais elle ____________ y aller en janvier.
6. Je ____________ faire une fête pour mon départ.
7. Ça ____________ être super!

2

Marie und Mounir stellen sich ihr Leben zu zweit vor. Wählen Sie die jeweils passende Form im **Futur proche** aus.

1. Le dimanche, je vais *prendre / ai pris / prends* mon petit-déjeuner au lit.
2. Mounir veut *manger / va manger / à manger* avec ses collègues.
3. Nous *allons / allons avoir / avoir* deux chats.
4. On *les a appelé / les appelle / va les appeler* Nirvana et Cléo.

Die Zukunft/Zeitangaben

3

Wandeln Sie diese Sätze in der Gegenwart ins **Futur proche** um.

1. Je vais au cinéma. ______________________
2. Nous faisons les courses. ______________________
3. Tu prends des tomates. ______________________
4. Ils sont contents. ______________________

4

Sehen Sie sich die Sätze an. Nur eine Übersetzung ist richtig, kreuzen Sie das richtige Kästchen an.

1. *Morgens geht Madame Duval einkaufen.*
   - ☐ a. Le matin, Mme Duval fait les courses.
   - ☐ b. Ce matin, Mme Duval fait les courses.
   - ☐ c. Lundi matin, Mme Duval fait les courses.

2. *Nächste Woche gehe ich ins Kino.*
   - ☐ a. La semaine prochaine, je vais au cinéma.
   - ☐ b. Cette semaine, je vais au cinéma.
   - ☐ c. La semaine dernière, je suis allé au cinéma.

3. *Diesen Dienstag werden wir ein Fest machen.*
   - ☐ a. Mardi prochain, on va faire une fête.
   - ☐ b. Mardi, on va faire une fête.
   - ☐ c. Le mardi, on va faire une fête.

4. *Sonntags geht Madame Duval früh ins Bett.*
   - ☐ a. Le dimanche, Mme Duval se couche tôt.
   - ☐ b. Dimanche, Mme Duval se couche tôt.
   - ☐ c. Dimanche prochain, Mme Duval se couche tôt.

1

Übung 1
männlich: un serveur; un étudiant; Mounir; un pastis; un journal
weiblich: une serveuse; une étudiante; une bière; une table; une chaise

Übung 2
1. h.; **2.** d.; **3.** b.; **4.** e.; **5.** f.; **6.** a.; **7.** c.; **8.** g.

Übung 3
männlich:
fromage – gâteau – matin – travail – serveur
weiblich:
vendeuse – table – chaise – carte – française

Übung 6
1. des tables; **2.** des pastis; **3.** des quiches; **4.** des euros; **5.** des personnes; **6.** des gâteaux; **7.** des cafés; **8.** des bières

Übung 8
1. vendeuse; **2.** serveur; **3.** docteur; **4.** professeur; **5.** actrice; **6.** employé

Übung 9
Caroline: Je suis…
musicienne; employée; danseuse; actrice; boulangère; photographe; dentiste
Pierre: Je suis…
boulanger; employé; acteur; photographe; musicien; dentiste; danseur

Übung 10
1. d.; **2.** a.; **3.** c.; **4.** b.; **5.** f.; **6.** e.

Übung 11
1. professeur; **2.** journaliste; **3.** architecte; **4.** étudiant; **5.** serveur; **6.** vendeuse; **7.** photographe; **8.** jardinière

Übung 12
Susan; Londres; Mounir Belaoui; Paris; Maroc; Casablanca; France

Übung 13
1. Américaine; **2.** Suisse; **3.** Espagnol; **4.** Italiennes; **5.** Marocains

Übung 14
1. d.; **2.** c.; **3.** b.; **4.** b.; **5.** d.; **6.** c.

Übung 15
1. d.; **2.** g.; **3.** h.; **4.** b.; **5.** c.; **6.** a.; **7.** e; **8.** f.

Test 1

Übung 1
1. une amie; **2.** une employée; **3.** une professeur; **4.** une photographe; **5.** une musicienne

Übung 2
1. b.; **2.** b.; **3.** b.; **4.** a.; **5.** c.; **6.** a.

Übung 3
1. animaux; **2.** bureaux; **3.** bars; **4.** Anglais; **5.** Portugaises; **6.** joueurs de tennis

Übung 4
1. b.; **2.** c.; **3.** b.; **4.** d.

2

Übung 1
1. c.; **2.** a.; **3.** f.; **4.** d.; **5.** b.; **6.** e.

Übung 3
1. suis; **2.** es; **3.** sommes

Übung 4
1. ont; **2.** avez; **3.** avons

Übung 5
être: es; est; sommes; suis; êtes; sont
avoir: avons; as; ont; ai

Modul 2

Übung 6
danser: je danse, tu danses, il / elle danse, nous dansons, vous dansez, ils / elles dansent
choisir: je choisis, tu choisis, il / elle choisit, nous choisissons, vous choisissez, ils / elles choisissent

Übung 7
1. f.; **2.** a.; **3.** d.; **4.** b.; **5.** c.; **6.** e.

Übung 10
1. suis – es – est – sommes – êtes – sont
2. ai – as – a – avons – avez – ont
3. pense – penses – pense – pensons – pensez – pensent
4. agis – agis – agit – agissons – agissez – agissent

Übung 11
1. Il est deux heures.
2. Les enfants ont deux ans.
3. Ils nagent bien.
4. Nous aimons skier.
5. Nous commençons le français.
6. Nous choisissons un plat.
7. Tu achètes un vélo.
8. Vous achetez des gâteaux.

Übung 12
1. habitent; **2.** s'appelle, parle;
3. a, s'appelle; **4.** est; **5.** est; **6.** aime;
7. aime, mange; **8.** a, choisir

Übung 13

1. elle danse; **2.** ils nagent; **3.** elles jouent;
4. elle réfléchit; **5.** il neige; **6.** c'est une piscine

Übung 14
1. mangeons, avons; **2.** emmener, as;
3. reste, ai; **4.** regardent, a; **5.** nageons, est

Übung 15
1. Je pense donc je suis.
2. Quand le chat est sorti, les souris dansent.
3. La nuit, tous les chats sont gris.
4. Tu manges comme quatre.
5. Il est dans les nuages.

Übung 16
waagerecht:
1. PENSES; **2.** FINISSONS; **3.** GRANDIS;
4. COMMENCEZ; **5.** AVONS; **6.** EST; **7.** APPELLENT
senkrecht:
8. ONT; **9.** NAGEONS; **10.** SUIS; **11.** AIME;
12. DONNENT; **13.** CHOISISSENT

Test 2

Übung 1
1. est; **2.** a; **3.** êtes; **4.** avez; **5.** a; **6.** sont;
7. est

Übung 2
1. b.; **2.** a.; **3.** a.; **4.** c.; **5.** a.

Übung 3
1. danser; **2.** finit; **3.** finissent; **4.** dansent;
5. danse; **6.** finir

Übung 4
1. habitent; **2.** ont; **3.** s'appelle; **4.** est; **5.** est;
6. aime

Übung 5
1. Ce soir, nous mangeons dans un restaurant.
2. Vous achetez beaucoup de CDs.
3. Elles appellent Pierre.
4. Ce sont des journalistes, ils commencent le travail.
5. Nous commençons le français.

3

Übung 1
1. a.; **2.** c., b.; **3.** e.; **4.** d.

Übung 2
1. d.; **2.** a.; **3.** b.; **4.** f.; **5.** h.; **6.** c.; **7.** g.; **8.** e.

Übung 3
1. la; **2.** le; **3.** l'; **4.** les

Übung 4
1. la poste; **2.** la banque; **3.** le supermarché; **4.** l'épicerie; **5.** le journal; **6.** les timbres; **7.** les lettres, **8.** la brosse à dents, **9.** le dentifrice; **10.** l'eau

Übung 5
1. Le; les; **2.** la, la, l'; **3.** les

Übung 8
1. une; **2.** de la; **3.** de

Übung 9
1. la; **2.** un; **3.** L'; **4.** la, un; **5.** des, les; **6.** un, la, le, l'

Übung 10
Mme Duval: une
L'employée: une, la
Mme Duval: les
L'employée: la
Mme Duval: une, une
L'employée: l', le, la, le, l'
Mme Duval: un
L'employée: une, les, l', l', un, les
Mme Duval: L', le

Übung 11
1. des; **2.** une; **3.** de; **4.** une; **5.** un; **6.** le, le; **7.** une, les; **8.** la; **9.** une, du; **10.** le

Übung 12
1. a oder b.; **2.** a oder b.; **3.** d.; **4.** c

Übung 13
1. une; **2.** de la; **3.** du; **4.** du; **5.** du; **6.** la; **7.** les; **8.** les; **9.** la; **10.** les

Übung 14
1. de; **2.** de; **3.** de la; **4.** de; **5.** des

Übung 15
1. c.; **2.** b.; **3.** a.; **4.** g.; **5.** d.; **6.** k.; **7.** h.; **8.** f.; **9.** i.; **10.** j.; **11.** l.; **12.** e.

Test 3

Übung 1
1. e.; **2.** a.; **3.** b.; **4.** d.; **5.** f.; **6.** c.

Übung 2
1. une; **2.** une, une; **3.** des; **4.** des, les; **5.** les

Übung 3
1. des; **2.** des, des; **3.** les, un; **4.** des, des; **5.** les, un

Übung 4
1. a.; **2.** c.; **3.** a.; **4.** c.

4

Übung 2
1. e.; **2.** a.; **3.** d.; **4.** b.; **5.** c.

Übung 3
1. ce; **2.** cette.

Übung 4
1. Cet; **2.** ces; **3.** ce; **4.** cette; **5.** ce; **6.** ce

Übung 5
1. cet; **2.** cette; **3.** ce; **4.** cette; **5.** ce; **6.** cette; **7.** ce; **8.** cet

Übung 7
1. b.; **2.** a.; **3.** c.; **4.** c.; **5.** a.; **6.** a.

Module 4 bis 5

Übung 10
1. C'est mon billet.
2. C'est ton dentifrice.
3. Ce sont tes chaussures.
4. C'est ma place.
5. C'est son tee-shirt.

Übung 11
1. leur chien; **2.** leur appareil photo / leur caméra; **3.** leurs lunettes de soleil; **4.** vos billets; **5.** nos billets, notre / mon avion

Übung 12
1. b – c; **2.** a.; **3.** a – c; **4.** a – c; **5.** a. b.

Übung 13
1. leurs; **2.** notre; **3.** nos; **4.** ses; **5.** mon; **6.** ton; **7.** mes

Übung 14
1. dieses Flugzeug; **2.** sein / ihr Flugzeug; **3.** meine Sonnenbrille; **4.** seine Sonnenbrille; **5.** dieser Koffer; **6.** sein / ihr Koffer; **7.** unsere Flugtickets; **8.** sein / ihr Flugticket

Test 4

Übung 1
1. cet; **2.** ce; **3.** cette; **4.** cette; **5.** ce; **6.** ces

Übung 2
1. Oui, c'est sa valise.
2. Oui, j'emmène mes chaussures.
3. Oui, j'emmène mon pantalon.
4. Oui, vous emmenez votre chien.
5. Oui, c'est leur avion.
6. Oui, ils emmènent leurs lunettes.

Übung 3
1. a.; **2.** a.; **3.** b.; **4.** c.

Übung 4
1. e.; **2.** b.; **3.** c.; **4.** e.; **5.** d.; **6.** g.; **7.** h.; **8.** f.; **9.** j.; **10.** i.

5

Übung 1
1. Je; **2.** Il; **3.** elle; **4.** Nous

Übung 2
1. Lui; **2.** Elle; **3.** vous; **4.** Moi; **5.** Eux; **6.** toi

Übung 3
1. J'; **2.** Tu; **3.** Il, elle; **4.** Nous; **5.** Vous; **6.** Ils, elles

Übung 4
1. Elle; **2.** Il; **3.** Je; **4.** Ils; **5.** Elles; **6.** Nous

Übung 6
1. nous; **2.** Moi; **3.** Elle; **4.** Lui; **5.** toi; **6.** vous

Übung 7
1. Toi, tu; **2.** lui, il; **3.** moi; **4.** nous; **5.** Vous, eux

Übung 9
1. les; **2.** le; **3.** la; **4.** les; **5.** t'

Übung 11
1. lui; **2.** l'; **3.** le; **4.** l'; **5.** lui; **6.** les, m'; **7.** leur, m'

Übung 12
1. en; **2.** y; **3.** en; **4.** y

Übung 13
1. Marc et Marion y sont.
2. Demain, j'y reste.
3. Nous en mangeons.
4. Il y pense toujours.
5. J'en ai besoin.
6. Il y en a encore.

Übung 14
1. Nous la trouvons jolie.
2. Il regarde la télé avec moi.
3. Ils te téléphonent souvent.
4. Il lui donne la main.
5. Elle lui parle.
6. Vous pensez à eux.
7. Je voudrais en manger.
8. Tu restes à la maison? Oui, j'y reste.

Übung 15
1. l'; **2.** l'; **3.** l'; **4.** y; **5.** en

Test 5

Übung 1
1. nous; **2.** toi; **3.** je; **4.** moi; **5.** eux; **6.** lui; **7.** il

Übung 2
1. Oui, elle est là.
2. Oui, il l'appelle.
3. Oui, on lui téléphone.
4. Oui, ils sont là.
5. Oui, il les appelle.
6. Oui, on leur téléphone.

Übung 3
1. y.; **2.** y.; **3.** en; **4.** en; **5.** en; **6.** y

Übung 4
1. b.; **2.** b.; **3.** b.; **4.** a.; **5.** a.; **6.** b.;
7. b.; **8.** b.; **9.** b.

6

Übung 2
1. f.; **2.** c.; **3.** a; **4.** b.; **5.** d.; **6.** g.;
7. h.; **8.** e; **9.** i.

Übung 3
1. Elle est grande. Ils sont grands.
2. Elle est blonde. Ils sont blonds.
3. Elle est heureuse. Ils sont heureux.

Übung 4
1. vieux, vieil, vieille; **2.** nouveau, nouvel, nouvelle; **3.** beau, bel, belle

Übung 5
männlich: b, g, h, i
weiblich: a, c, d, e, f, j, k

Übung 6
nouvelles, belles, petits, jeune, petite, bon

Übung 7
1. des chaussures noires;
2. des chaussures rouges;
3. des chaussures oranges;
4. des chaussures vertes

Übung 8
1. d.; **2.** a.; **3.** b.; **4.** c.

Übung 9
1. Madame Duval cherche de nouvelles chaussures.
2. Il y a des chaussures rouges et blanches / blanches et rouges.
3. Madame Duval préfère les petites chaussures noires.
4. Elles sont discrètes et élégantes / élégantes et discrètes.
5. Il y aussi une jolie paire jaune.
6. Ces chaussures sont jolies mais chères.
7. C'est une bonne affaire, je suis contente.

Übung 11
1. b.; **2.** a.; **3.** c.

Übung 12
Folgende Aussagen stimmen nicht: **1.**, **3.**, **5.**, **6.**

Übung 13
1. nouvelles; **2.** noire; **3.** bonne, bons;
4. contente; petit; **5.** bonne; **6.** chère;
7. précise

Module 6 bis 7

Übung 14
1. deux filles allemandes; **2.** de vieilles amies; **3.** blonde, de grands yeux bleus, **4.** Français; **5.** bel, gentil; **6.** petite, blonde; **7.** sympa, longs, **8.** grandes

Übung 15
1. d.; **2.** f.; **3.** a.; **4.** e.; **5.** g.; **6.** h.; **7.** j.; **8.** i.; **9.** b.; **10.** c.

Übung 16
1. seize; **2.** dix, **3.** quatre-vingt-quatre; **4.** soixante-douze

Test 6

Übung 1
1. pauvres; **2.** première; **3.** rêveur; **4.** grosse; **5.** longue; **6.** grand; **7.** nouvelles

Übung 2
1. a.; **2.** b.; **3.** a.; **4.** c.; **5.** b.

Übung 3
1. vieille; **2.** jeune; **3.** mauvais; **4.** chères; **5.** grands

Übung 4
a. dix-huit; **b.** trente-six; **c.** quatorze; **d.** six; **e.** soixante-dix-huit; **f.** cinquante-cinq; **g.** onze; **h.** zéro; **i.** soixante-huit; **j.** quatre-vingts; **k.** 28; **l.** 95; **m.** 13; **n.** 10; **o.** 47; **p.** 72; **q.** 100; **r.** 2; **s.** 16; **t.** 39

7

Übung 1
allez, allons, va, vais, allez, vont

Übung 3
1. je vais – tu vas – il va
2. nous allons – vous allez – ils vont

Übung 4
je pars, tu pars, il part, nous partons, vous partez, ils partent

Übung 5
1. b.; **2.** a.; **3.** h.; **4.** c.; **5.** d.; **6.** f.; **7.** e.; **8.** g.

Übung 6
Die erste, zweite, dritte Person Singular sowie die dritte Person Plural ähneln sich, die erste und zweite Plural ähneln sich auch.
1. attends, vous attendez; **2.** il croit, ils croient; **3.** je bois, nous buvons; **4.** tu mets, vous mettez

Übung 8
1. fais; **2.** faisons; **3.** font; **4.** faites; **5.** fait

Übung 10
1. voulez; **2.** voulons; **3.** dois; **4.** faut; **5.** veux; **6.** peux

Übung 11
1. peut; **2.** pouvons; **3.** peux; **4.** peut; **5.** sait; **6.** peux; **7.** sais, peux; **8.** savent

Übung 13
1. nous; **2.** me; **3.** vous; **4.** se; **5.** te; **6.** se, s'

Übung 14
1. pars; **2.** vais; **3.** vient, dormons; **4.** viens, viennent; **5.** partez; **6.** partons, part; **7.** vais; **8.** pars

Übung 15
1. ils vont; **2.** il voit; **3.** elle veut;
4. il doit; **5.** ils disent

Übung 16
waagerecht:
1. PROMETTEZ; **2.** FONT; **3.** DITES; **4.** VAS;
5. VOIT; **6.** VEULENT; **7.** PREND; **8.** SENT;
9. CONNAIS; **10.** SAVONS; **11.** RIT; **12.** SORS
senkrecht:
13. OFFRENT; **14.** PEUVENT; **15.** ENTENDEZ;
16. VIENNENT; **17.** DOIS; **18.** TE; **19.** DIS;
20. LISEZ; **21.** BOIS; **22.** SAIT

Test 7

Übung 1
1. e.; **2.** a.; **3.** b.; **4.** h.; **5.** c.; **6.** d.; **7.** g.; **8.** f.

Übung 2
1. g.; **2.** a.; **3.** j.; **4.** b.; **5.** f.; **6.** c.;
7. e.; **8.** d.; **9.** i.; **10.** h.

Übung 3
1. Nous devons nous lever maintenant.
2. Je vais en vacances demain.
3. Mon petit frère apprend à lire et écrire.
4. Il sait déjà écrire son nom.

Übung 4
1. dormons; **2.** allons; **3.** venez;
4. dites; **5.** prennent

Übung 5
1. Nous entendons la mer.
2. Nous devons conduire, nous ne pouvons pas boire.
3. Nous nous levons à sept heures pour aller à la plage.
4. Vous voulez du vin?
5. Ils peuvent entendre la mer.
6. Ils savent nager.

8

Übung 2
1. c.; **2.** a.; **3.** e.; **4.** b.; **5.** d.

Übung 4
1. d.; **2.** a.; **3.** e.; **4.** b.; **5.** c.; **6.** f.

Übung 5
1. Où; **2.** Comment; **3.** combien de temps;
4. Pourquoi

Übung 6
1. c.; **2.** a.; **3.** b.

Übung 7
où; comment; quand; pourquoi

Übung 8
non merci; ne pas; ne plus; ne pas; n' pas;
ne plus; ne jamais; n' pas; ne plus; ne rien;
ne pas; ne personne; ne pas; ne pas

Übung 10
1. pas; **2.** jamais; **3.** personne; **4.** rien

Übung 11
1. Est-ce qu'il y a des métros?
2. Non, il n'y a pas de métros.
3. Est-ce que vous prenez parfois le train?
4. Non, je ne prends jamais le train.
5. Pourquoi est-ce que vous venez au magasin?
6. Je ne veux plus les chaussures jaunes.
7. Pourquoi est-ce que vous ne les voulez plus?
8. Parce qu'elles ne sont pas confortables.

Übung 12
1. a.; **2.** d.; **3.** b.; **4.** c.; **5.** h.; **6.** e.; **7.** g.; **8.** f.

Übung 13
1. ne, pas/jamais; **2.** ne, pas/jamais; **3.** n', pas;
4. n', pas; **5.** n', pas/jamais/plus; **6.** n', pas;
7. ne, pas/jamais; **8.** ne, pas

Module 8 bis 9

Übung 14
1. Non, elles ne sont pas gratuites.
2. Non, je ne prends pas les routes nationales.
3. Non, je ne prends pas le train.
4. Non, je ne prends pas l'avion.
5. Non, je n'ai pas d'autre idée.

Übung 15
1. u.; **2.** a.; **3.** b.; **4.** v.; **5.** k.; **6.** w.; **7.** f.; **8.** c.; **9.** x.; **10.** e.; **11.** d.; **12.** h.; **13.** g.; **14.** t.; **15.** m.; **16.** s.; **17.** i.; **18.** n.; **19.** o.; **20.** j.; **21.** r.; **22.** p.; **23.** q.; **24.** l.

Test 8

Übung 1
1. b.; **2.** a.; **3.** c.; **4.** b.; **5.** b.; **6.** a.

Übung 2
1. b.; **2.** a.; **3.** f.; **4.** c.; **5.** e.; **6.** d.; **7.** g.; **8.** i.; **9.** h.

Übung 3
1. Il ne lit pas beaucoup.
2. Il n'aime pas travailler.
3. Il n'aime pas prendre le bus.
4. Il n'aime pas faire de sport.

Übung 4
1. jamais; **2.** plus; **3.** personne; **4.** rien; **5.** personne; **6.** rien

Übung 5
1. a.; **2.** b.; **3.** b.; **4.** a.

9

Übung 1
1. 6. 2. 3. 7. 4. 9. 5. 8.

Übung 4
1. a.; **2.** g.; **3.** b.; **4.** h.; **5.** c.; **6.** d.; **7.** i.; **8.** j.; **9.** e.; **10.** f.

Übung 5
1. 7.00; 9.15
2. 10.30
3. 10.45
4. 12.00
5. 12.00, 14.30
6. 16.00, 17.30
7. 19.30
8. 00.30

Übung 6
c. a. d. f. b. e.

Übung 8
1. c.; **2.** b.; **3.** a.; **4.** a.; **5.** a.

Übung 9
1. dans; **2.** sur; **3.** devant; **4.** à côté de; **5.** entre

Übung 11
1. à; **2.** chez; **3.** dans, derrière; **4.** à, chez; **5.** au; **6.** dans, sous; **7.** sur; **8.** à; **9.** devant

Übung 13
1. du; **2.** à côté de, sur; **3.** à gauche; **4.** à droite, jusqu'; **5.** à partir de; **6.** dans; **7.** pendant; **8.** chez, vers

Übung 14
1. à, pendant; **2.** dans, de; **3.** jusqu'à; **4.** à, en; **5.** pendant; **6.** à, dans, de; **7.** en; **8.** après, chez, à, À

Übung 15
1. a.; **2.** b.; **3.** b.; **4.** a.; **5.** a.; **6.** a.

Test 9

Übung 1
1. a.; **2.** b.; **3.** a.; **4.** c.; **5.** a.; **6.** b.

Übung 2
1. 7.00; **2.** 15.00; **3.** 9.30; **4.** 11.45; **5.** 22.30; **6.** 1.00

Übung 3
1. sous; **2.** sur; **3.** derrière; **4.** à côté de; **5.** à gauche de; **6.** à droite de; **7.** loin de; **8.** devant; **9.** après; **10.** pendant

Übung 4
1. a; **2.** c.; **3.** a.; **4.** b; **5.** a.

10

Übung 2
1. c.; **2.** a.; **3.** f.; **4.** b.; **5.** d.; **6.** e.

Übung 3
1. as, avons, ont; **2.** es, sommes, sont

Übung 4
1. passé; **2.** fini; **3.** offert

Übung 5
1. avons; **2.** avez; **3.** ont; **4.** as; **5.** ont

Übung 6
1. partis; **2.** parties; **3.** partie

Übung 7
a fait, as écrit; ai écrit; ai oublié; a fait; ai trouvé; avons parlé; a dit; a acheté; as réussi; a rendu; a dit; a trouvé; a demandé; a posé; as habité; as fini

Übung 9
fai**t**; écri**t**; di**t**.

Übung 10
1. Tu as parlé.
2. Vous avez choisi.
3. Je n'ai pas dormi.
4. Nous avons attendu.
5. Elle y est allée.
6. Ils ne sont pas sortis.

Übung 11
1. Je suis né à Casablanca.
2. J'y ai habité huit ans.
3. En 1983, mes parents sont venus en France.
4. Ma sœur et moi, nous sommes allés à l'école française.
5. J'ai eu mon bac en 1992.
6. Puis j'âi etudié l'informatique à l'université.

Übung 12
mit avoir:
téléphoner; avoir; courir; manger; faire
mit être:
aller; rester; partir; venir; promener

Übung 13
1. allée; **2.** venue; **3.** restés, partis; **4.** parti; **5.** resté, travaillé; **6.** eu; **7.** amusés; **8.** sortis, fait

Übung 14
1. ai fait; **2.** a mangé; **3.** ai lavé; **4.** suis allé/ée; **5.** ai bu; **6.** ai dormi

Übung 15
1. ai fini, suis partie; **2.** ai vu; **3.** ai voulu; **4.** ai pris; **5.** es devenue; **6.** a trouvé, sommes venus

Übung 16
1. d.; **2.** a.; **3.** b.; **4.** tu; **5.** d.; **6.** d.; **7.** a.; **8.** b.; **9.** c.; **10.** b.; **11.** b.; **12.** a.; **13.** a.; **14.** d.; **15.** a.

Test 10

Übung 1
1. parlé; **2.** eu; **3.** fini; **4.** venu; **5.** rendu; **6.** pris

Übung 2
1. est; **2.** sont; **3.** a; **4.** sont, ont; **5.** sont; **6.** a; **7.** a, a

Übung 3
1. a fait; **2.** se sont mariés; **3.** est née, ont eu; **4.** sont restés, ont dû; **5.** a trouvé

Module 10 bis 11

Übung 4
1. Nous avons fini de manger.
2. Elles sont venues et elles sont parties.
3. Je n'ai pas compris.
4. Il a voulu donc il a pu.
5. Elle est allée au cinéma et elle y a dormi.
6. Elles se sont amusées.

11

Übung 1
Die Läuferin: 3. 4. 5.
Der Läufer: 1. 2.

Übung 2
1. b.; **2.** a.; **3.** c.

Übung 4
1. plus grand que; **2.** moins court que

Übung 6
Falsche Sätze: 2. 3. 7. 8.

Übung 7
1. c.; **2.** e.; **3.** b.; **4.** a.; **5.** d.; **6.** f.

Übung 8
évidemment; sérieusement; vraiment; rarement; naturellement

Übung 9
1. souvent; **2.** seulement; **3.** sérieusement; **4.** d'abord, ensuite / puis / après; **5.** là-bas, longtemps; **6.** toujours, rarement; **7.** le plus, le moins; **8.** bien; **9.** très; **10.** vraiment; **11.** naturellement

Übung 13
1. exactement; **2.** absolument; **3.** complètement; **4.** bien; **5.** mieux; **6.** mal; **7.** Finalement; **8.** sûrement

Übung 14
1. vite, rapide; **2.** bonne; **3.** meilleure, mieux; **4.** sérieusement; **5.** sérieuse; **6.** vraiment, bien; **7.** mauvais; **8.** vrai, mal

Übung 15
1. Susan est grande et elle joue très bien au basket.
2. Marie est plus petite que Susan mais elle court vite.
3. Mathilde est la moins grande de l'équipe.
4. Mais elle joue aussi bien que Marie.
5. Fatiha n'a jamais fait de basket.
6. Elle joue moins bien que les autres.
7. Tanja est la plus forte de l'équipe.
8. Elle joue encore mieux que les garçons.

Übung 16
1. arrondissement; **2.** appartement; **3.** marchand; **4.** moment; **5.** parent; **6.** enfant; **7.** instrument; **8.** client; **9.** cent; **10.** mauvais; **11.** ingrédient; **12.** évident; **13.** rapide; **14.** argent; **15.** mal

Test 11

Übung 1
1. plus petite; **2.** plus grande; **3.** plus; **4.** plus; **5.** moins

Übung 2
1. complètement; **2.** sérieusement; **3.** naturellement; **4.** vraiment; **5.** évidemment; **6.** rapidement; **7.** mal; **8.** bien

Übung 3
1. vraiment; **2.** vite, bien; **3.** bonne; **4.** rapide; **5.** grande, **6.** normal; **7.** Evidemment; **8.** sérieusement

Übung 4
1. bons; **2.** bien, **3.** bon; **4.** meilleur; **5.** bien, **6.** meilleure; **7.** mieux

12

Übung 2
1. d.; **2.** a.; **3.** e.; **4.** b.; **5.** c.

Übung 3
1. d.; **2.** a.; **3.** b., **4.** e.; **5.** c.

Übung 4
1. va; **2.** allons; **3.** allez; **4.** vais;
5. vont; **6.** vas; **7.** vais

Übung 5
1. Il va travailler en Belgique.
2. Nous n'allons pas partir.
3. Ils vont me manquer.

Übung 6
Kreuz bei den Sätzen: 2. 3. 5. 6.7.

Übung 8
1. Quand est-ce que nous allons nous revoir?
2. Je vais passer quelques jours à Paris en décembre.
3. Tu ne vas pas être là et Mounir non plus.
4. Mais vous allez bientôt me rendre visite à Londres.
5. Je vais naturellement venir à votre mariage!
6. Mais, Susan, nous n'allons pas nous marier!
7. Oh mais si! Comme ça, on va faire une belle fête!

Übung 9
1. allons; **2.** vais; **3.** va, va;
4. vas; **5.** allons; **6.** vas, vais

Übung 10
1. vont faire; **2.** allons acheter;
3. vais commencer; **4.** va courir; **5.** vais arrêter;
6. allons lever; **7.** vais donner; **8.** allons avoir

Übung 11
1. vais me marier; **2.** allons avoir; **3.** vais être;
4. vont m'adorer; **5.** allez faire

Übung 13
1. a.; **2.** b.; **3.** c.; **4.** c.; **5.** a.; **6.** b.

Übung 14
1. Le; **2.** le; 3. un; **4.** le, le; **5.** cette; **6.** —

Übung 15
1. Tu vas me manquer!
2. Je vais t'écrire!
3. Nous allons téléphoner!
4. Je vais revenir!
5. À la semaine prochaine!
6. À l'année prochaine!
7. Vous allez me manquer aussi!
8. Ça va être super!
9. Où est-ce que tu vas habiter?
10. Qu'est-ce que tu vas faire?
11. Je vais te donner mon adresse.
12. À demain!
13. Elle va me manquer.
14. Je vais toujours penser à toi!
15. Au revoir!
16. À bientôt!

Test 12

Übung 1
1. allez, **2.** vont; **3.** vont; **4.** allons;
5. va; **6.** vais, **7.** va

Übung 2
1. vais prendre; **2.** va manger, **3.** allons avoir;
4. va les appeler

Übung 3
1. Je vais aller au cinéma.
2. Nous allons faire les courses.
3. Tu vas prendre des tomates.
4. Ils vont être contents.

Übung 4
1. a.; **2.** a., **3.** b.; **4.** a.

Inhaltsübersicht

§ 1 Die Artikel

Der unbestimmte Artikel

männlich

Singular:	**un nom**
	un apéritif
Plural:	**des noms**
	des apéritifs

weiblich

Singular:	**une porte**
	une entrée
Plural:	**des portes**
	des entrées

Der unbestimmte Artikel lautet immer gleich, egal ob er vor einem Wort mit Konsonant, Vokal oder stummem **h** steht.
Der unbestimmte Artikel hat im Französischen nur eine Pluralform, **des** gilt sowohl für männliche als auch für weibliche Substantive im Plural.

Der bestimmte Artikel

männlich Singular vor Konsonant:	**le salon**
vor Vokal oder stummem **h**:	**l'océan**
Plural vor Konsonant:	**les salons**
vor Vokal oder stummem **h**:	**les océans**

weiblich Singular vor Konsonant:	**la chambre**
vor Vokal oder stummem **h**:	**l'entrée**
Plural vor Konsonant:	**les chambres**
vor Vokal oder stummem **h**:	**les entrées**

Der bestimmte Artikel heißt im Singular in der männlichen Form **le**, in der weiblichen Form **la**. Vor Vokal und stummem **h** werden **le** und **la** zu **l'** verkürzt. Einen sächlichen Artikel wie das deutsche *das* gibt es nicht!
Der Plural des bestimmten Artikels lautet immer **les**.

Nach den Verben **aimer**, **adorer** oder **détester** steht der bestimmte Artikel. Im Deutschen steht hier kein Artikel.

J'aime le fromage.
Ich esse gern/ mag Käse.
J'adore les gâteaux.
Ich esse/ mag sehr gerne Kuchen.
Je déteste les cornichons.
Ich verabscheue Gewürzgurken/ mag Gewürzgurken überhaupt nicht.

Der Teilungsartikel

Der Teilungsartikel (**du**, **de la**, **de l'**, **des**) bezeichnet im Französischen eine unbestimmte Menge und steht bei nicht zählbaren Dingen (z. B. Kaffee, Käse, Wasser usw.). Im Deutschen wird er nicht übersetzt.

Laure mange de l'ananas.
Laure isst Ananas.
Il y a du beurre et de la brioche.
Es gibt Butter und Brioche.

Verben wie **aimer**, **adorer** usw. bilden eine Ausnahme, auf sie folgt kein Teilungsartikel, sondern der bestimmte Artikel!

Nach **avec** steht der Teilungsartikel:
Nathalie aime le thé avec du sucre.

Nach **sans** steht weder ein Teilungsartikel noch ein Artikel:
Elle aime le café sans sucre.

§ 2 Das Verb *être*

Das Verb **être** *(sein)* ist unregelmäßig.

être

je	suis
tu	es
il/elle/on	est
nous	sommes
vous	êtes
ils/elles	sont

Um etwas zu beschreiben oder um jemanden vorzustellen, benutzt man: **c'est** + Adjektiv oder **c'est** + Name.

C'est joli.
C'est Laure, ma femme.

Um zwei oder mehrere Sachen zu beschreiben oder mehrere Personen vorzustellen, verwendet man **ce sont.**

Ici, ce sont les toilettes.
Ce sont Nathalie et Frédéric.

§ 3 Das Verb *avoir*

Avoir *(haben)* ist ein unregelmäßiges Verb.

J'ai faim.	*Ich habe Hunger.*
Tu as soif.	*Du hast Durst.*
Il a vingt ans.	*Er ist 20 Jahre alt.*

avoir

j'	ai
tu	as
il/elle/on	a
nous	avons
vous	avez
ils/elles	ont

Achten Sie auf die Aussprache von **ils ont/elles ont**: Zwischen Pronomen und Verb wird die Liaison gemacht. Das heißt, das **s** wird stimmhaft ausgesprochen und zum darauf folgenden Vokal hinüber gebunden.

Der Ausdruck **il y a** enthält das Verb **avoir. Il y a** kann *ist/sind* oder *es gibt* bedeuten. Sie können **il y a** beispielsweise verwenden, wenn Sie ausdrücken wollen, wer oder was sich an einem bestimmten Ort befindet. Die dazugehörende Ortsangabe kann am Satzanfang (durch ein Komma getrennt) oder am Satzende stehen.

Sur le marché, il y a des oranges./Il y a des oranges sur le marché.

§ 4 Verben der 1. Gruppe

Dieser Gruppe lassen sich die meisten französischen Verben zuordnen. Es handelt sich um regelmäßige Verben, die im Infinitiv auf **-er** enden.

adorer *(sehr gerne mögen)*

j'	ador**e**
tu	ador**es**
il/elle/on	ador**e**
nous	ador**ons**
vous	ador**ez**
ils/elles	ador**ent**

Bei den Verben auf **-er** klingen die drei Personen Singular und die 3. Person Plural gleich, da man die Endungen dieser Formen bei der Aussprache nicht hört. Nur die Endungen **-ons** und **-ez** werden ausgesprochen.

Achten Sie auf die Liaison, wenn das Verb mit einem Vokal oder stummem **h** beginnt, und auch darauf, dass **je** zu **j'** verkürzt wird.
Es gibt in dieser Gruppe jedoch auch Verben, die zwar regelmäßige Endungen haben, im Stamm jedoch Besonderheiten aufweisen.

Verben auf *-ger* und auf *-cer*

Bei dem Verb **manger** *(essen)* und anderen Verben auf **-ger** liegt die Besonderheit in der 1. Person Plural: Um in der Aussprache denselben Laut wie bei den anderen Formen zu erhalten, wird ein **-e-** eingefügt: **je mange – nous mangeons**

manger

je	mange
tu	manges
il/elle/on	mange
nous	man**geons**
vous	mangez
ils/elles	mangent

Ähnlich werden das Verb **commencer** *(beginnen)* und andere Verben auf **-cer** gebildet. Hier wird das **c** mit der Cédille (**ç**) geschrieben, um in der Aussprache ein stimmloses **s** zu erhalten:
je commence – nous commençons

commencer

je	commence
tu	commences
il/elle/on	commence
nous	commen**çons**
vous	commencez
ils/elles	commencent

Verben mit Stammveränderung

Verben auf *-eter* und *-éter*

Acheter *(kaufen)* gehört zu den Verben auf **-er**. Die Besonderheit dieses Verbs liegt darin, dass die drei Personen Singular und die 3. Person Plural stammbetonte Formen sind, sie erhalten daher einen Accent: **j'achète**, **tu achètes**, **il achète** und **ils achètent**. Die 1. und 2. Person Plural dagegen sind endungsbetont, sie behalten den Infinitivstamm **achet-** und werden ohne Accent geschrieben: **nous achetons**, **vous achetez**.

acheter

j'	ach**è**te
tu	ach**è**tes
il/elle/on	ach**è**te
nous	achetons
vous	achetez
ils/elles	ach**è**tent

Ähnlich wie **acheter** wird das Verb **préférer** *(vorziehen, lieber mögen)* konjugiert. Bei den stammbetonten Formen (d.h. bei den drei Personen Singular und der 3. Person Plural) wird das zweite **é** zu **è** (**je préfère**). Die 1. und 2. Person Plural, die endungsbetont sind, behalten den Infinitivstamm **préfér-** und werden mit zwei Accents aigus geschrieben: **nous préférons**, **vous préférez**.

préférer

je	préf**è**re
tu	préf**è**res
il/elle/on	préf**è**re
nous	préférons
vous	préférez
ils/elles	préf**è**rent

Verben auf *-eler*

Bei den Verben **appeler** *(nennen)* und **s'appeler** *(heißen)* sowie bei anderen Verben auf **-eler** sind die Formen der drei Personen Singular und der 3. Person Plural stammbetont. Diese Formen verdoppeln daher das **l**: **j'appelle**, **tu appelles**, **il appelle**, **ils appellent**. Die endungsbetonten Formen haben nur ein **l**, d.h. sie behalten den Infinitivstamm **appel-**: **nous appelons**, **vous appelez**.

appeler

j'	appe**ll**e
tu	appe**ll**es
il/elle/on	appe**ll**e
nous	appelons
vous	appelez
ils/elles	appe**ll**ent

s'appeler ist ein reflexives Verb.

▸ § 25 Die reflexiven Verben

§ 5 Verben der 2. Gruppe

Zu dieser Gruppe gehören Verben, die auf **-ir** enden: **finir** *(enden)*.
Die Verben dieser Gruppe haben die sogenannte Stammerweiterung mit **-iss-** in den drei Personen Plural (**nous finissons**, **vous finissez**, **ils finissent**).

finir

je	finis
tu	finis
il/elle/on	finit
nous	finissons
vous	finissez
ils/elles	finissent

§6 Verben der 3. Gruppe

Zu dieser Gruppe lassen sich alle anderen Verben zählen, die teilweise oder völlig unregelmäßig sind: **prendre** *(nehmen)*.

Die Verben auf *-tir*

Zu der 3. Gruppe gehören auch einige Verben auf **-ir** ohne Stammerweiterung mit **-iss-** wie z. B. die Verben auf **-tir**: **partir** *(weggehen)*, **sortir** *(hinausgehen)*.

partir		**sortir**	
je	pars	je	sors
tu	pars	tu	sors
il/elle/on	part	il/elle/on	sort
nous	partons	nous	sortons
vous	partez	vous	sortez
ils/elles	partent	ils/elles	sortent

Die Verben auf *-mir*

Zu der 3. Gruppe gehören auch einige Verben auf **-ir** ohne Stammerweiterung mit **-iss-** wie z. B. die Verben auf **-mir**: **dormir** *(schlafen)*.

dormir	
je	dors
tu	dors
il/elle/on	dort
nous	dormons
vous	dormez
ils/elles	dorment

Die Verben auf *-ire*

Die Verben auf **-ire** gehören zur 3. Gruppe. Zu ihnen gehören u. a.: **construire** *(bauen)*, **produire** *(produzieren)*, **conduire** *(lenken)*.

construire	
je	construis
tu	construis
il/elle/on	construit
nous	construisons
vous	construisez
ils/elles	construisent

§7 Das Verb *aller*

Aller *(gehen, fahren)* endet auf **-er**, ist jedoch unregelmäßig. Nur die 1. und 2. Person Plural behält den Infinitivstamm **all-**, um die Präsensform zu bilden (**nous allons**, **vous allez**).

aller	
je	vais
tu	vas
il/elle/on	va
nous	allons
vous	allez
ils/elles	vont

Nach **aller** können verschiedene Präpositionen verwendet werden:

- **en** und **à** bei einer Ortsangabe:
  On va en France.
  Tu vas à Paris ?
- **en** und **à** bei Verkehrsmitteln:
  On va en train à Bruxelles.
  Elle va à vélo en ville.
- **chez** bei Personen:
  Fred et Nathalie vont chez Jean-Guy et Laure.

§8 Das Verb *s'asseoir*

Das Verb **s'asseoir** hat zwei Konjugationen: Die Formen der **ersten** Konjugation werden mit **-ie-** bzw. **-ey-** gebildet; die Formen der **zweiten** Konjugation mit **-oi-** bzw. **-oy-**. Normalerweise verwendet man eine „Mischung" aus beiden Konjugationen. Die am häufigsten verwendeten Formen sind fett hervorgehoben (Sie brauchen die anderen Formen nicht unbedingt zu lernen!):

je m'	assieds	**je m'**	**assois**
tu t'	assieds	**tu t'**	**assois**
il/elle/on s'	assied	**il/elle/on s'**	**assoit**
nous nous	**asseyons**	nous nous	assoyons
vous vous	**asseyez**	vous vous	assoyez
ils s'	asseyent	**ils/elles s'**	**assoient**

§ 9 Das Verb *boire*

Das Verb **boire** ist unregelmäßig. Die 1. und 2. Person Plural bilden das Präsens mit dem Stamm **buv-** (**nous buvons**, **vous buvez**).

boire

je	bois
tu	bois
il/elle/on	boit
nous	buvons
vous	buvez
ils/elles	boivent

§ 10 Das Verb *connaître*

Connaître *(kennen)* ist ein unregelmäßiges Verb der 3. Verbgruppe.
Achten Sie auf die Stammerweiterung mit **-aiss-** bei den drei Pluralformen und auf den Accent circonflexe bei der 3. Person Singular (**il connaît**).

connaître

je	connais
tu	connais
il/elle/on	connaît
nous	connaissons
vous	connaissez
ils/elles	connaissent

§ 11 Das Verb *croire*

Das Verb **croire** *(glauben)* ist unregelmäßig. Achten Sie auf die 1. und 2. Person Plural, die die Präsensform mit **y** bilden (**nous croyons**, **vous croyez**).

croire

je	crois
tu	crois
il/elle/on	croit
nous	croyons
vous	croyez
ils/elles	croient

Nach dem Verb **croire** kann die Konjunktion **que** stehen: **Je crois que c'est vrai.**

§ 12 Das Verb *dire*

Das Verb **dire** *(sagen)* ist unregelmäßig.
Die 2. Person Plural von **dire**, **vous dites**, hat die gleiche Form wie die 2. Person von **être**, **vous êtes**, und bei **faire**, vous **faites**.

dire

je	dis
tu	dis
il/elle/on	dit
nous	disons
vous	dites
ils/elles	disent

Dire wird mit der Präposition **à** verwendet: **dire quelque chose à quelqu'un**. Vergessen Sie nicht: **à** gefolgt vom bestimmten Artikel **le** oder **les** wird zu **au** bzw. zu **aux**.

§ 13 Das Verb *faire*

Faire *(tun, machen)* ist ein unregelmäßiges Verb.

faire

je	fais
tu	fais
il/elle/on	fait
nous	faisons
vous	faites
ils/elles	font

Achten Sie auf die Aussprache der 1. Person Plural: **nous faisons**: **ai** wird hier wie ein stummes **e** ausgesprochen.

§ 14 Das Verb *pouvoir*

Pouvoir *(können, dürfen)* ist ein Modalverb.
Es ist unregelmäßig, nur die 1. und 2. Person Plural behält den Infinitivstamm **pouv-**, um die Präsensform zu bilden (**nous pouvons**, **vous pouvez**).

▸ § 24 Die Modalverben

pouvoir

je	peux
tu	peux
il/elle/on	peut
nous	pouvons
vous	pouvez
ils/elles	peuvent

§ 15 Das Verb *prendre*

Das Verb **prendre** ist unregelmäßig. Achten Sie auf die Nasallaute bei den drei Singularformen. Die 3. Person Plural dagegen weist keinen Nasallaut auf, sie wird mit einem offenen **e** ausgesprochen (**ils prennent**). Die 1. und 2. Person Plural ist durch ein stummes **e** gekennzeichnet.
Die Verben **comprendre** und **apprendre** werden nach demselben Muster konjugiert.

prendre

je	prends
tu	prends
il/elle/on	prend
nous	prenons
vous	prenez
ils/elles	prennent

§ 16 Das Verb *savoir*

Das Verb **savoir** ist unregelmäßig. Die drei Pluralformen behalten den Infinitivstamm **sav-**, um die Präsensform zu bilden (**nous savons**, **vous savez**, **ils savent**).

savoir

je	sais
tu	sais
il/elle/on	sait
nous	savons
vous	savez
ils/elles	savent

§ 17 Das Verb *venir*

Das Verb **venir** *(kommen)* ist unregelmäßig; nur die 1. und 2. Person Plural werden auf der Basis des Infinitivstamms gebildet (**nous venons**, **vous venez**).

venir

je	viens
tu	viens
il/elle/on	vient
nous	venons
vous	venez
ils/elles	viennent

§ 18 Das Verb *voir*

Das Verb **voir** *(sehen, besichtigen)* ist unregelmäßig. Achten Sie auf die 1. und 2. Person Plural, die die Präsensform mit **y** bilden (**nous voyons**, **vous voyez**).

voir

je	vois
tu	vois
il/elle/on	voit
nous	voyons
vous	voyez
ils/elles	voient

§ 19 Das Verb *vouloir*

Vouloir *(wollen)* ist ein Modalverb. Es ist unregelmäßig. Nur die 1. und 2. Person Plural behalten den Infinitivstamm **voul-**, um die Präsensform zu bilden (**nous voulons**, **vous voulez**).
▸ § 24 Die Modalverben

vouloir

je	veux
tu	veux
il/elle/on	veut
nous	voulons
vous	voulez
ils/elles	veulent

Wenn man etwas (bestellen) möchte, ist es höflicher, **je voudrais** statt **je veux** zu sagen. **Je voudrais** ist die Konditionalform von **vouloir**.

§ 20 Die Vergangenheit

Das Passé composé

Das Passé composé drückt Handlungen in der Vergangenheit aus. Es besteht aus zwei Elementen: Präsensform vom Hilfsverb (**avoir** oder **être**) + Partizip Perfekt (Participe passé) des entsprechenden Verbs.
▸ § 22 Das Partizip Perfekt

– Das Passé composé mit *avoir*

Das Passé composé mit **avoir** besteht aus der Präsensform von **avoir** und dem Partizip Perfekt des entsprechenden Verbs.

Nous avons mangé des frites.

Die Verneinung umschließt die konjugierte Form von **avoir**:

Nous n'avons pas mangé de frites.

Die Verben **avoir** und **être** bilden das Passé composé mit **avoir**.

avoir	**j'ai eu**	*ich habe gehabt*
être	**j'ai été**	*ich bin gewesen*

– Das Passé composé mit *être*

Das Passé composé mit **être** besteht aus der Präsensform von **être** und dem Partizip Perfekt des entsprechenden Verbs.

Jean-Guy est allé au concert.

Wenige Verben bilden das Passé composé mit **être** so z. B. die Verben der Bewegungsrichtung: **aller**, **venir**, **arriver**, **partir**, **entrer**, **sortir**, **rentrer**, **monter**, **descendre**, **revenir**, und **rester**.

Bei der Bildung des Passé composé mit **être** wird das Partizip Perfekt in Geschlecht und Zahl dem Subjekt des Satzes angeglichen.

Laure est allée au concert.
Frédéric et Nathalie ne sont pas allés au concert.
Nous sommes arrivées ce soir.
(Laure et Nathalie)

Im verneinten Satz umschließen **ne** und **pas** die konjugierte Form von **être**:

Nathalie n'est pas allée au concert.

§ 21 Die unmittelbare Vergangenheit

Die Wendung **venir de faire quelque chose** drückt die unmittelbare Vergangenheit aus. Nach der konjugierten Form von **venir** folgt **de** und ein Verb im Infinitiv.

Je viens d'arriver. *Ich bin gerade angekommen.*
Je viens de la voir. *Ich habe sie gerade gesehen.*

Achtung! Dieser Ausdruck sollte nicht mit **venir de** + Ort verwechselt werden:

Je viens de Paris. *Ich komme aus Paris.*

§ 22 Das Partizip Perfekt

Das Partizip Perfekt (**Participe passé**) wird u. a. zur Bildung des Passé composé gebraucht.

Verben der 1. Gruppe:

Sie bilden das Partizip Perfekt auf **-é**:
demander ▸ **demandé**

Verben der 2. Gruppe:

Sie bilden das Partizip Perfekt auf **-i**:
finir ▸ **fini**

Verben der 3. Gruppe:

être	**été**	J'ai été en Allemagne.
avoir	**eu**	Tu as eu faim.
aller	allé	Elle est allée à Paris.
faire	fait	Jean-Guy a fait la vaisselle.
prendre	pris	J'ai pris le train.
dire	dit	Elle a dit bonjour.
s'asseoir	assis	Ils se sont assis sur la terrasse.
partir	parti	Ils sont partis ce matin.
dormir	dormi	Nous avons bien dormi.
produire	produit	Qu'est-ce qu'ils ont produit ?
voir	vu	Avez-vous vu Nathalie ?
connaître	connu	Nous avons bien connu Jean.
pouvoir	pu	J'ai pu dormir un peu.
venir	venu	Il est venu en train.
boire	bu	Tu as bu une bonne bière.
savoir	su	Elle a su trouver le café.
vouloir	voulu	J'ai voulu dire quelque chose.
croire	cru	Tu as cru à cette histoire ?

§ 25 Das Futur

Das Futur proche

Das Futur proche wird benutzt, wenn ein zukünftiges Geschehen in naher Zukunft gesehen wird, also einen Bezug zur Gegenwart hat.
Diese Zeitform drückt oft auch ein Vorhaben oder eine Absicht aus.

Das Futur proche besteht aus zwei Elementen: Präsensform von aller + Infinitiv des anschließenden Verbs

nahe Zukunft	aller	Infinitiv	
Ce soir,	**je vais**	**manger**	**une pizza.**
Demain,	**tu vas**	**visiter**	**le Louvre ?**
Dimanche,	**on va**	**partir**	**en Belgique.**

§ 24 Die Modalverben

Den Modalverben (**pouvoir**, **vouloir**) folgt ein Infinitiv.
▸ § 14 Das Verb **pouvoir**
▸ § 19 Das Verb **vouloir**

On peut aller à la mer.
Wir können ans Meer fahren.
Elles veulent partir à midi.
Sie wollen um 12.00 Uhr abfahren.

Bei verneinten Sätzen steht **ne** direkt nach dem Subjektpronomen, **pas** (oder **jamais** usw.) steht nach dem Modalverb vor dem Infinitiv: **Il ne veut pas conduire.**

§ 25 Die reflexiven Verben

Bei reflexiven Verben beziehen sich die Pronomen auf das Subjekt. Sie stehen vor dem Verb.

Singular		Plural	
me	*mich*	**nous**	uns
te	*dich*	**vous**	*euch / sich (Höflichkeitsform)*
se	*sich*	**se**	*sich*

Vor Vokal werden **me**, **te**, **se** zu **m'**, **t'**, **s'**.
Das Verb wird dabei entsprechend seiner Gruppe konjugiert, hier z. B. **s'amuser** *(sich amüsieren)*:

s'amuser

je m'	amuse
tu t'	amuses
il/elle/on s'	amuse

▾

nous nous	amusons
vous vous	amusez
ils /elles s'	amusent

Bei verneinten Sätzen steht **ne** direkt nach dem Subjektpronomen, **pas** (oder **jamais** usw.) steht nach dem Verb: **Ils ne s'amusent pas.**

§ 26 Unpersönliche Wendungen

il faut + Infinitiv

Wenn auf **il faut** ein Infinitiv folgt, entspricht das dem Deutschen *müssen/ man muss etwas tun*. Die Verneinung hat die Bedeutung von *nicht dürfen, nicht brauchen*.

Meist kommt die verneinte Form von **il faut** einem Imperativ gleich und muss dann unbedingt mit nicht dürfen wieder gegeben werden:
Il ne faut pas fumer. bedeutet: *Man darf nicht rauchen.* und nicht *Man braucht nicht ...*

Il faut visiter le vieux port.
Man muss den alten Hafen besichtigen.
Il ne faut pas manger sur la plage.
Man darf am Strand nicht essen.

il faut + Substantiv

Folgt auf **il faut** ein Substantiv, wird **il faut** im Deutschen mit *man braucht/ benötigt* wieder gegeben.

Pour une tarte aux pommes, il faut du beurre.
Für einen Apfelkuchen braucht man Butter.

§ 27 Die Pronomen

1. Subjektpronomen

Die Subjektpronomen lauten:

Singular		
1. Person	**je**	*ich*
2. Person	**tu**	*du*
3. Person	**il**	*er*
	elle	*sie*
	on	*man/ wir*
Plural		
1. Person	**nous**	*wir*
2. Person	**vous**	*ihr/ Sie*
3. Person	**ils**	*sie (männlich)*
	elles	*sie (weiblich)*

Je wird vor Vokal oder stummem **h** zu **j'**.
In der 3. Person Singular gibt es kein *es* wie im Deutschen! **On** heißt *man*:
On parle anglais.

In der gesprochenen Sprache wird **on** oft in der Bedeutung von *wir* verwendet: **On est d'ici.** *(Wir sind von hier.)*

Ils bezieht sich auf eine Gruppe, der nur männliche oder männliche und weibliche Personen / Gegenstände angehören.
Ils = Frédéric + Nathalie /
Frédéric + Jean-Guy

Elles bezieht sich ausschließlich auf eine weibliche Gruppe:
Elles = Nathalie + Laure.

2. Direkte Objektpronomen

Die direkten Objektpronomen stehen meist an der Stelle von Substantiven.

me	**nous**
te	**vous**
le / la	**les**

Vor Vokal werden **me** zu **m'**, **te** zu **t'** und **le** und **la** zu **l'** verkürzt.

le vertritt ein männliches Substantiv im Singular,
la vertritt ein weibliches Substantiv im Singular,
les vertritt ein männliches und /oder weibliches Substantiv im Plural.

Die Objektpronomen stehen vor dem Verb, zu dem sie gehören.
ne und **pas** umschließen Objektpronomen + Verb.

Tu m'aimes ?	**– Oui, je t'aime.**
Vous prenez le bus ?	**– Oui, je le prends.**
	– Non, je ne le prends pas.

Bei Verben, denen ein Infinitiv folgt, stehen die Objektpronomen vor dem Infinitiv.
– Tu vas chercher Nathalie et Frédéric ?
– Oui, je vais les chercher.
– Non, je ne vais pas les chercher.

Die Objektpronomen werden auch in Sätzen ohne Verb verwendet, z. B. mit **voilà**:
Le voilà !
Te voilà !

3. Indirekte Objektpronomen

Die indirekten Objektpronomen vertreten Personen und haben in der 1. und 2. Person Singular und Plural die gleichen Formen wie die direkten Objektpronomen: **me**, **te**, **nous**, **vous**.
Die indirekten Objektpronomen in der 3. Person Singular bzw. Plural heißen **lui** und **leur**.
lui steht entweder für eine männliche oder eine weibliche Person.
leur steht entweder für mehrere männliche und/ oder mehrere weibliche Personen.

Je te téléphone.
Je téléphone à un cousin. Je lui téléphone.
Je téléphone à des collègues. Je leur téléphone.

Auf die Verben **demander**, **donner**, **manquer**, **téléphoner** usw. folgt die Präposition **à**.
Je demande à Paul ...

Diese Verben brauchen indirekte Objektpronomen.
Je lui demande ...

Die indirekten Objektpronomen haben dieselbe Satzstellung wie die direkten Objektpronomen.

Die Stellungsregel für die Verneinung **ne ... pas** ist bei den indirekten Objektpronomen wie bei den direkten Objektpronomen gleich.
Je ne te téléphone pas.

4. Die betonten Personalpronomen

Das Französische kennt außer den unbetonten (verbundenen) Personalpronomen (**je**, **tu**, **il/ elle/on**, **nous**, **vous**, **ils/elles**) noch die betonten (unverbundenen) Personalpronomen.

moi	**nous**
toi	**vous**
lui/elle	**eux/elles**

Die betonten Personalpronomen werden verwendet:
- um sich oder jemanden vorzustellen:
  Moi, c'est Nathalie.
- in verkürzten Sätzen ohne Verb:
  Et toi, Laure, tu es professeur ?
- nach Präpositionen und Konjunktionen:
  Tu manges avec moi ?
- zur Hervorhebung und bei Gegensätzen:
  Moi, je fais les courses.
- um seine Meinung zu äußern in Ausdrücken wie:
  - Antworten auf positive Sätze:
    betontes Personalpronomen + **aussi** *(auch)*
    betontes Personalpronomen + **non/pas** *(nicht)*
    J'adore les moules. – Moi aussi./Moi pas.
    Ich liebe Muscheln – Ich auch./ Ich nicht.
    Die Form **pas moi** ist umgangssprachlich.
  - Antworten auf verneinte Sätze:
    betontes Personalpronomen + **non plus** *(auch nicht)*
    betontes Personalpronomen + **si** *(schon)*
    Je ne mange pas de fromage. – Moi non plus./ Moi si.
    Ich esse kein Käse. – Ich auch nicht./ Ich schon.

5. Das Pronomen *y*

Das Pronomen **y** ersetzt Ortsangaben, die durch **à**, **en**, **dans**, **sur** oder **sous** eingeleitet werden. **Y** wird im Deutschen mit *dort* oder *dorthin* wiedergegeben.

Frédéric travaille à l'aéroport. Il y travaille.
Il va en Italie. Il y va.

Für das Pronomen **y** gilt dieselbe Stellungsregel wie für die Objektpronomen: **y** steht immer vor dem Verb:

Il y va souvent.	vor dem konjugierten Verb
Il va y habiter.	vor dem Infinitiv, auf den es sich bezieht

Die Verneinung umschließt Pronomen + konjugiertes Verb:

Il n'y est pas allé depuis Noël.

§ 28 Geschlecht der Substantive

Die Endung des Substantivs gibt oft das Geschlecht an.
Weiblich sind – bis auf einige Ausnahmen – Wörter mit diesen Endungen:

-ée	**la soirée, la journée**
-té	**la spécialité, la santé**
-tion	**la situation, la destination**
-ette	**la baguette, la casquette**
-ade	**la salade, la balade**
-ie	**la charcuterie, la crêperie**
-ise	**la chemise, la cerise**
-logie	**l'astrologie**

Weiblich sind auch:

Automarken	**une Mercedes, une Renault**

Männlich sind – bis auf einige Ausnahmen – Wörter mit diesen Endungen:

-ment	**le moment, l'instrument**
-age	**le garage, le fromage**
-eau	**le bureau, le gâteau**
-in	**le vin, le jardin**
-isme	**le tourisme**
-ail	**le travail**
-phone	**le téléphone**

Männlich sind auch:

die Sprachen	**le français, le hollandais ...**
die Wochentage	**le lundi, le mardi ...**
die Farben	**le bleu, le rouge ...**

Ländernamen

Ländernamen stehen im Allgemeinen mit dem bestimmten Artikel. Im Französischen gibt es männliche und weibliche Ländernamen.

weiblich
la France **l'Allemagne**
männlich
le Maroc **les Etats-Unis** *(m./Pl.)*

Berufsbezeichnungen

Diese Substantive haben manchmal nur eine Form für beide Geschlechter, da sie Berufe bezeichnen, die früher vorwiegend Männern vorbehalten waren.
Bezeichnen sie eine Frau, wird das weibliche Geschlecht aus dem Kontext deutlich. Ist der Zusammenhang nicht deutlich genug, so kann das Wort **femme** *(Frau)* vorangestellt werden:

un médecin / une femme médecin

Bei Staatsämtern wird **Madame** vor die Amtsbezeichnung gestellt:

l'ambassadeur / Madame l'ambassadeur

Bei einigen dieser Berufsbezeichnungen wird das Geschlecht nur durch den Artikel markiert, das Schriftbild und Lautbild ist dasselbe:

le journaliste / la journaliste
le ministre / la ministre

Beginnt das Substantiv mit Vokal, muss man das Geschlecht aus dem Kontext erschließen:

l'architecte

Einige Berufsbezeichnungen haben dennoch eine männliche und eine weibliche Form:

le vendeur / la vendeuse

§ 29 Pluralbildung der Substantive

Im Französischen wird der Plural eines Substantivs normalerweise durch ein stummes **-s** markiert:

le chocolat **les chocolats**
la maison **les maisons**

Endet ein Substantiv schon im Singular auf **-s**, bleibt es im Plural unverändert:

le pastis **les pastis**

Einige Substantive haben eine unregelmäßige Pluralbildung, so etwa die Substantive auf **-eau**. Sie bilden den Plural auf **-x**, das ebenfalls stumm ist.

le gâteau **les gâteaux**

Endet ein Substantiv schon im Singular auf **-x**, bleibt es im Plural unverändert.

le prix **les prix**

Die Substantive auf **-al** und auf **-ail** bilden den Plural auf **-aux**.

le journal **les journaux**
le travail **les travaux**

Es gibt ein paar Besonderheiten:

monsieur ▸ **messieurs**
madame ▸ **mesdames**
mademoiselle ▸ **mesdemoiselles**

§ 30 Die Fragestellung

Die Intonationsfrage

Mit Hilfe der Intonation (Satzmelodie) verwandelt sich ein Aussagesatz in eine Frage.

Il est d'ici.
Il est d'ici ?

In der gesprochenen Sprache ist die Intonationsfrage die häufigste Frageform!

Die *est-ce que*-Frage

Bei der Fragestellung mit **est-ce que** steht **est-ce que** vor dem Aussagesatz: Die Reihenfolge der Wörter ist wie die beim Aussagesatz, ebenso die Satzmelodie. Vor Vokal wird **est-ce que** zu **est-ce qu'** verkürzt.

Est-ce que Jean-Guy est d'ici ?
Est-ce qu'il est d'ici ?

Die Frageform mit **est-ce que** ist sowohl in der gesprochenen als auch in der geschriebenen Sprache möglich!

Die Inversionsfrage

Durch Umstellung der Reihenfolge von Subjekt und Verb (Inversion) wird auch aus einem Aussagesatz eine Frage. Wenn das Subjekt ein Pronomen ist, wird das Subjektpronomen mit Bindestrich an das Verb angeschlossen.

Il est pilote. ▸ **Est-il pilote ?**

In der 3. Person Singular tritt zwischen Verb und Subjektpronomen ein **t**, um die Aussprache zu erleichtern, wenn die Verbform auf **-e** oder **-a** endet.

Elle mange bien. **Mange-t-elle bien ?**
Il a faim. **A-t-il faim ?**

Ist kein Pronomen sondern ein Substantiv (so zum Beispiel ein Personenname) das Subjekt der Frage, wird es nach dem Verb durch das entsprechende Subjektpronomen wieder aufgenommen:

Marc est-il à la maison ?

Die Inversionsfrage entspricht einem gehobenen Sprachniveau und wird vor allem in der Schriftsprache verwendet.

Die Entscheidungsfrage

Entscheidungsfragen sind Fragen, die mit **oui** oder **non** beantwortet werden.

Tu es d'ici ? – Non, je suis de Cauteret.
On mange ? – Oui, bien sûr !

§ 31 Die Demonstrativbegleiter

Die Demonstrativbegleiter stehen immer vor dem Substantiv, nach dem sie sich richten. Im Singular unterscheidet man zwischen zwei männlichen und einer weiblichen Form, im Plural dagegen gibt es nur eine Form, **ces** für männliche oder weibliche Substantive.

ce magasin	*dieser Laden* vor männlichen Substantiven im Singular, Anfangsbuchstabe Konsonant
cet apéritif	*dieser Aperitiv* vor männlichen Substantiven im Singular, Anfangsbuchstabe Vokal oder stummes **h**
cette dame	*diese Dame* vor weiblichen Substantiven im Singular
ces magasins	*diese Läden*
ces apéritifs	*diese Aperitive*
ces dames	*diese Damen* vor männlichen oder weiblichen Substantiven im Plural

§ 32 Fragewörter

Ergänzungsfragen können nicht mit **oui** oder **non** beantwortet werden, sondern erfordern eine ausführende Antwort. Sie werden immer mit einem Fragewort gebildet.
Das Fragewort kann am Anfang oder am Ende der Intonationsfrage stehen:

Où est le restaurant ?
Le restaurant est où ?
Wo ist das Restaurant?

Ergänzungsfragen können auch mit **est-ce que** gebildet werden. Das Fragewort steht am Anfang des Satzes, gefolgt von **est-ce que** oder **est-ce qu'** mit anschließender Reihenfolge der Wörter wie im Aussagesatz.

Qu'est-ce que vous aimez ?
Was mögen Sie?/Was mögt ihr?

Das Fragewort *quel*

Das Fragewort **quel** richtet sich in Geschlecht und Zahl nach dem Substantiv, auf das es sich bezieht.
Im Deutschen hat es die Grundbedeutung *welcher/welche/welches*.

Quel sandwich est-ce que vous prenez ?
Welches Sandwich … ?
Quelle profession est-ce que vous avez ?
Welchen Beruf … ?
Quels gâteaux est-ce que vous aimez ?
Welche Kuchen … ?
Quelles tomates est-ce que vous voulez ?
Welche Tomaten … ?

Quel wird auch im Zusammenhang mit **heure** benutzt: **à quelle heure** heißt *um wie viel Uhr.*
Quel kann auch verwendet werden, um Begeisterung zu äußern: **Quelle jolie maison !**

In diesem Fall hat **quel/quelle** die Bedeutung von *was für ein/e … .*

Das Fragewort *qui*

Das Fragewort **qui** heißt *wer* oder *wen/wem.*

Qui est-ce ? *Wer ist es?*

Es ist unveränderlich und kann auch mit Präpositionen kombiniert werden:

pour qui	*für wen*
à qui	*wem*
de qui	*von wem*
avec qui	*mit wem*

Andere Fragewörter

que / qu'	*was*
quoi	*was*
où	*wo/wohin*
d'où	*woher*
comment	*wie*
pourquoi	*warum*
quand	*wann*
combien	*wie viel*
combien de temps	*wie lange*

Bei der Intonationsfrage mit Fragewort am Ende wird **que** zu **quoi**: Beide heißen *was*.

Qu'est-ce que vous mangez ?
Vous mangez quoi ?
Was essen Sie?/Was esst Ihr?

§ 35 Die Verneinung

ne … pas
Die Verneinung im Französischen besteht grundsätzlich aus zwei Elementen: **ne** und **pas**. **Ne** steht vor dem Verb, **pas** danach. Vor Vokal und stummem **h** verkürzt sich **ne** zu **n'**.

Je ne suis pas pilote.
Nathalie et Frédéric ne sont pas de Nice.

In der ungezwungenen Unterhaltung wird **ne** nach **je**, **tu**, **nous**, **vous** vor Konsonanten häufig nur als **n** ausgesprochen oder ganz weggelassen.
Je ne peux pas. wird zu **Je n'peux pas./ Je peux pas.**

ne … pas de
Die Verneinung **ne … pas de** drückt die „Menge Null" aus und wird im Deutschen mit keine wiedergegeben.
Vous n'avez pas de pommes ?
Sur le marché, il n'y a pas de tomates italiennes.

Il n'y a pas de … bedeutet *es gibt keine/sind keine … (da)*.

ne … plus, ne … rien, ne … jamais
Auch diese Verneinungen umschließen das Verb wie die Verneinung **ne … pas**.

Il ne mange plus.
Er isst nicht mehr.
Il ne va jamais au concert.
Er geht nie ins Konzert.
Elle ne prend rien comme dessert.
Sie nimmt nichts als Nachtisch/keinen Nachtisch.

Die „Menge Null" *(kein/e)* wird im Französischen mit **ne … pas de** wiedergegeben. Auch die folgenden Verneinungen drücken die „Menge Null" aus.

Il n'y a plus d'oranges.
Es gibt keine Orangen mehr.
Elle ne boit jamais d'alcool.
Sie trinkt nie Alkohol.
Il n'y a rien de nouveau.
Es gibt nichts Neues.

ne … ni … ni
Die Verneinung **ne … ni … ni …** heißt *weder … noch*. **Ni** wird vor jedem Verb oder Substantiv der Aufzählung wiederholt. Es wird ohne Artikel verwendet:

Il ne peut ni manger ni boire.
Il ne mange ni artichaut ni tomate ni endive.

§ 34 Das Adjektiv

Die Formen des Adjektivs

Das Adjektiv richtet sich in Geschlecht und Zahl nach dem Substantiv, auf das es sich bezieht, und kann somit in vier Formen vorkommen:

	männlich	weiblich
Singular	**grand**	**grande**
Plural	**grands**	**grandes**

Bei Adjektiven, die mit Vokal enden, bleibt die Aussprache gleich:

	männlich	weiblich
Singular	**vrai**	**vraie**
Plural	**vrais**	**vraies**

Adjektive, die bereits in der männlichen Form auf **-e** enden, haben keine eigene weibliche Form, sie werden gleich ausgesprochen:
männlich und weiblich Singular: **jeune**
männlich und weiblich Plural: **jeunes**

Bezieht sich das Adjektiv auf mehrere Substantive unterschiedlichen Geschlechts, so nimmt es die Form des männlich Plurals an:

Jean-Guy, Laure et Nathalie ne sont pas très grands.

Beim Plural verkürzt sich der unbestimmte Artikel **des** zu **de** wenn ein Adjektiv dem Substantiv vorangeht:

Ils ont des maisons.
Ils ont de grandes maisons.

Stellung der Adjektive

Das Adjektiv kann wie im Deutschen durch ein Verb (meist **être**) mit dem Substantiv verbunden werden.

Le musée est intéressant.

Im Französischen stehen die Adjektive normalerweise nach dem Substantiv.

C'est un musée intéressant.

In einigen Fällen stehen manche Adjektive vor dem Substantiv.

C'est un petit musée.

Zu den vorangestellten Adjektiven zählen z. B.:

grand/e	**joli/e**
petit/e	**bon/bonne**
gros/grosse	**mauvais/e**
jeune	**court/e**

Manchmal ändert sich die Bedeutung in Abhängigkeit davon, ob das Adjektiv vor oder nach dem Substantiv steht.

Besonderheiten

cher
Einige Adjektive haben unregelmäßige Formen wie das Adjektiv **cher**.

Le café est cher.
La bière est chère.
Les cafés sont chers.
Les bières sont chères.

Die Aussprache dieser vier Formen bleibt gleich!

vieux, beau, nouveau
Das Adjektiv **vieux** *(alt)* – wie zwei andere wichtige Adjektive **beau** *(schön)* und **nouveau** *(neu)* – hat zwei männlichen Formen:

vieux / beau / nouveau
vor Substantiven, die mit Konsonant beginnen

vieil / bel / nouvel
vor Substantiven, die mit Vokal oder stummem **h** beginnen

un vieux vélo, un vieil hôtel, une vieille voiture, de vieux hôtels, de vieilles voitures

bon
Das Adjektiv **bon** hat eine besondere weibliche Form: **bonne**.

	männlich	weiblich
Singular	**bon**	**bonne**
Plural	**bons**	**bonnes**

Die Aussprache des Adjektivs vor Vokal ist zu beachten: **bon** + Substantiv, das mit Vokal beginnt, wird wie **bonne** ausgesprochen, das **n** wird zum folgenden Vokal hinüber gebunden.

une bonne bière
un bon artichaut

Länderadjektive

Wie bei den meisten Adjektiven erhalten auch Länderadjektive ein **-e** bei der weiblichen Form und ein **-s** beim Plural:

	männlich	weiblich
Singular	**allemand**	**allemande**
Plural	**allemands**	**allemandes**

Bei der männlichen Form bleibt der Plural unverändert, wenn das Adjektiv auf **-s** endet:

	männlich	weiblich
Singular	**français**	**française**
Plural	**français**	**françaises**

Bei Länderadjektiven, die in der männlichen Form einen Nasal (**ain**) haben, wird die weibliche Form ohne Nasal gesprochen, da das eingefügte **e** eine neue Silbentrennung bewirkt: **américain, américaine**.

Bei Länderadjektiven, die auf **-ien** in der männlichen Form enden, wird bei der weiblichen Form **-ne** angehängt und auch hier wird kein Nasal gesprochen: **italien / italienne**.

Bei Länderadjektiven, die auf **-e** enden, lauten die männliche und die weibliche Form gleich, z. B. **belge / belge**, **corse / corse**.

Die Bezeichnung der Nationalität schreibt man groß.

Il est Français. *Er ist Franzose.*

Farbadjektive

Die Farbadjektive verhalten sich wie andere Adjektive: sie richten sich in Geschlecht und Zahl nach dem Substantiv, auf das sie sich beziehen. Die Farbadjektive stehen nach dem Substantiv.

Bei Farbadjektiven, die in der männlichen Form bereits auf **-e** enden, bleibt die weibliche Form gleich (**rouge**, **jaune**): **un pantalon bleu**, **une robe bleue**.

Marron und **orange** sind unveränderlich:

un pantalon orange, **des pantalons orange**

§ 35 Das Adverb

Das Adverb *bien*

Das Adjektiv **bon / bonne** *(gut)* und sein entsprechendes Adverb **bien** *(gut)* werden in der gesprochenen Sprache sehr häufig verwendet. Deshalb ist es wichtig, diese Sonderform des Adverbs vom Adjektiv unterscheiden zu können.

C'est bon steht für Sinneswahrnehmungen, **c'est bien**, wenn etwas beurteilt wird.

Le champagne, c'est bon ?
Aller à vélo, c'est écologique, c'est bien !

Das Adverb bezeichnet in den meisten Fällen das Verb näher.

Monsieur Leclerc conduit bien.
Herr Leclerc fährt gut Auto.

§ 36 Die Präpositionen

Die Präposition *à*

à und der bestimmte Artikel

Folgen der Präposition **à** die bestimmten Artikel **le** oder **les**, findet eine Verschmelzung statt.

à + le = **au**
à + les = **aux**

Aber: à + la = **à la**
à + l' = **à l'**

On va au cinéma ?
Vous allez aux Etats-Unis ?

Aber: **Tu vas à la cantine ?**
Je vais à l'aéroport.

à nach bestimmten Verben

Die Präposition **à** wird auch im Zusammenhang mit bestimmten Verben verwendet wie **demander**, **donner**, **téléphoner** usw.:

Je demande à la dame.
Je téléphone à Julie.

Die Präposition *de*

de und der bestimmte Artikel

De heißt *aus* (**Je suis de Cauteret.**) oder *von* (**le cousin de Frédéric**).
De wird zu **d'** vor Vokal oder stummem **h**.
(**Tu viens d'où ?**)

Folgen der Präposition **de** die bestimmten Artikel **le** oder **les**, findet eine Verschmelzung statt.

de + le = **du**
de + les = **des**

Aber: de + la = **de la**
de + l' = **de l'**

Tu es du Maroc.
Nous sommes des Etats-Unis.

Aber: **Je suis de La Rochelle.**
Elle vient de l'île de Ré.

de nach Mengenangaben

un kilo de/d' ... *ein Kilo ...*

Nach Mengenangaben + **de/d'** wird kein Artikel verwendet!

Une bouteille de pastis.

Präpositionen: Länder und Städte

Wenn Sie eine Stadt oder ein Land als Ziel (wohin?), Aufenthaltsort (wo?) oder als Herkunftsort (woher?) angeben wollen, müssen Sie einige Besonderheiten beachten:

Städte:
à heißt *in* und *nach*, **de** heißt *von*:

J'habite à Strasbourg.
Je vais à Nice.
Je suis de Paris.

Bei Städtenamen wie **Le Caire** oder **Le Havre**, findet auch die Verschmelzung der Präposition **à** oder **de** statt:

Je vais au Caire.
Je suis du Havre.

Städtenamen in Verbindung mit **habiter** können auch ohne **à** stehen. **J'habite Strasbourg.**

Länder:
en und **à** heißen *in* und *nach*, **de** heißt *aus*:

l'Allemagne	▸ **en Allemagne / d'Allemagne**
le Maroc à	▸ **au Maroc / du Maroc**
les Etats-Unis	▸ **aux Etats-Unis / des Etats-Unis**

Bei weiblichen Ländernamen steht **en** oder **de** ohne Artikel: **en France / de France**.
Bei männlichen Ländernamen steht **à** oder **de** + Artikel = **au/du**: au **Portugal / du Portugal**.
Bei Ländernamen im Plural steht **à** oder **de** + Artikel im Plural = **aux/des: aux Etats-Unis/des Etats-Unis**.

Bei männlichen Ländernamen, die mit Vokal beginnen, steht **en** oder **de** ohne Artikel:
en Israël / d'Israël.

Präpositionen: Verkehrsmittel

Mit Verkehrsmitteln werden zwei verschiedene Präpositionen verwendet: **à** oder **en**.

Wenn man auf dem Verkehrsmittel sitzt, wird **à** benutzt: **à vélo**, **à moto**.

Wenn man im Verkehrsmittel sitzt, benutzt man **en: en voiture**, **en métro**, **en bus**, **en train**, **en avion**.

Andere Präpositionen

Sans heißt *ohne* und wird ohne Artikel verwendet (**Un café sans sucre**). Im Deutschen wird **sans** auch oft durch *-frei* übersetzt (**de l'essence sans plomb** = *bleifreies Benzin*).

Präpositionen des Ortes:

à côté de	*neben*
à gauche de	*links von*
à droite de	*rechts von*
en face de	*gegenüber*
au milieu de	*in der Mitte von*
après	*nach, hinter*
dans	*in (... hinein)*
derrière	*hinter*
devant	*vor*
près de	*nahe bei*
sur	*auf*
sous	*unter*
vers	*in Richtung/auf ... zu*

Achten Sie darauf, dass die Präposition **de** auch bei **à côté de**, **à gauche de** usw. im Zusammenhang mit dem bestimmten Artikel zu **du / de la / de l' / des** wird: **C'est à côté du café.**

Präposition der Zeit:

à	*um, an, in*
après	*nach*
avant	*vor*
dans	*in, nach Ablauf von*
en	*im (Monat)*
jusque	*bis*
pendant	*während*
pour	*für (die Dauer von)*

§ 37 Die Grundzahlen

Die Grundzahlen von 0 bis 10

0 **zéro**	6 **six**
1 **un**	7 **sept**
2 **deux**	8 **huit**
3 **trois**	9 **neuf**
4 **quatre**	10 **dix**
5 **cinq**	

Six und **dix** haben ein stimmloses **s**.

Die Aussprache einiger dieser Zahlen ändert sich, sobald die Zahlen nicht für sich allein stehen, sondern einen Begleiter haben.

Die Grundzahlen von 11 bis 100

11 onze	18 dix-huit
12 douze	19 dix-neuf
13 treize	20 vingt
14 quatorze	21 vingt et un
15 quinze	22 vingt-deux
16 seize	23 vingt-trois
17 dix-sept	

...

Die Zahlen ab 17 werden aus einem Zehner + Bindestrich + einem Einer gebildet: **dix-sept**, **vingt-neuf** ... bis 69.

32 trente-deux
33 trente-trois
34 trente-quatre
35 trente-cinq
...

20, 30, 40, 50 und 60 heißen:
20 vingt
30 trente
40 quarante
50 cinquante
60 soixante

Bei 21, 31, 41, 51, 61 wird die 1 mit **et** angeschlossen und zwar ohne Bindestrich!

21	vingt et un
31	trente et un
41	quarante et un
51	cinquante et un
61	soixante et un

Von 70 bis 79 wird „addiert" (z. B. **70 soixante-dix** = 60 + 10), 80 wird aus einer Multiplikation gebildet (**quatre-vingts** = 4 x 20), danach wird multipliziert und addiert (z. B. 90 **quatre-vingt-dix** = 4 x 20 + 10)!

70 soixante-dix	85 quatre-vingt-cinq
71 soixante et onze	86 quatre-vingt-six
72 soixante-douze	87 quatre-vingt-sept
73 soixante-treize	88 quatre-vingt-huit
74 soixante-quatorze	89 quatre-vingt-neuf
75 soixante-quinze	90 quatre-vingt-dix
76 soixante-seize	91 quatre-vingt-onze
77 soixante-dix-sept	92 quatre-vingt-douze
78 soixante-dix-huit	93 quatre-vingt-treize
79 soixante-dix-neuf	94 quatre-vingt-quatorze
80 quatre-vingts	95 quatre-vingt-quinze
81 quatre-vingt-un	96 quatre-vingt-seize
82 quatre-vingt-deux	97 quatre-vingt-dix-sept
83 quatre-vingt-trois	98 quatre-vingt-dix-huit
84 quatre-vingt-quatre	99 quatre-vingt-dix-neuf

100 heißt **cent**.

Die Grundzahlen über 100

101 cent un	1000 mille
102 cent deux	1001 mille un
180 cent quatre-vingts	2000 deux mille
200 deux cents	
201 deux cent un	
281 deux cent quatre-vingts	

§ 38 Die Ordnungszahlen

Die Ordnungszahlen werden gebildet, indem man an die Grundzahl die Endung **-ième** anhängt. Bei Grundzahlen, die auf **-e** enden, fällt das **-e** vor **-ième** weg. Die Ordnungszahlen werden meist in abgekürzter Form geschrieben.

1er le premier
1ère la première
2e le / la deuxième
le second, la seconde
3e le / la troisième
10e le / la dixième

20e le / la vingtième
21e le / la vingt et unième
30e le / la trentième
70e le / la soixante-dixième
71e le / la soixante et onzième
80e le / la quatre-vingtième
81e le / la quatre-vingt-unième
94e le / la quatre-vingt-quartorzième
99e le / la quatre-vingt-dix-neuvième
100e le / la centième
1000e le / la millième

- Nur bei **premier** und **second** gibt es eine andere weibliche Form: **la première**, **la seconde**. Ansonsten sind die männliche und weibliche Form identisch: z. B.: **le dixième**, **la dixième**.
- Vor Vokal und stummem **h** wird der Artikel nie apostrophiert: **le huitième**, **la onzième**.

§ 39 Zeitangaben

Die Uhrzeit

So werden in der Umgangssprache die vollen, die halben und die Viertelstunden angegeben:

Il est deux heures.
Es ist zwei Uhr.
Il est deux heures et quart.
Es ist Viertel nach zwei.
Il est deux heures et demie.
Es ist halb drei.
Il est trois heures moins le quart.
Es ist Viertel vor drei.

So lautet die offizielle Zeitangabe:

Il est treize heures vingt-cinq.
Es ist 13 Uhr 25.
Il est vingt heures trente.
Es ist 20 Uhr 30.
Il est vingt-trois heures quarante-cinq.
Es ist 23 Uhr 45.

Um eine Uhrzeit anzugeben, wird die Präposition **à** verwendet:

Je te téléphone à huit heures, d'accord ?

§ 40 Vorsilben

Die Vorsilbe *re-*

Die Vorsilbe **re-** kann eine Wiederholung ausdrücken:

voir / revoir *(sehen / wieder sehen)*.

re- wird zu **r-** oder **ré-** vor Verben mit Vokal am Anfang:

appeler / rappeler *(rufen / wieder rufen)*
apprendre / réapprendre *(lernen / wieder lernen)*.

Vor Verben mit **s** am Anfang wird **re-** zu **res-**:

sortir / ressortir *(ausgehen / wieder ausgehen)*.

§ 41 Der Apostroph

Folgt einer Präposition, einem Pronomen, einem Artikel usw. (**de**, **se**, **le** ...) ein Wort, das mit Vokal (**a**, **e** oder **i**) oder stummem **h** beginnt, werden die Präposition, das Pronomen, der Artikel usw. apostrophiert:
d'Allemagne

s'appeler
l'italien
qu'est-ce que ... ?

A

	… heures de l'après-midi	*… Uhr nachmittags*
	… heures du matin	*… Uhr morgens/nachts*
	… heures du soir	*… Uhr abends*
	…, non ?	*…, oder nicht?*
	a	*(er/sie) hat*
	à	*in*
	à	*an*
	à	*nach*
	à	*bis*
	à … heures du matin	*um … Uhr morgens*
	à bientôt	*bis bald*
	à cause de	*wegen*
	à côté de	*neben*
	à droite	*rechts*
	à gauche	*links*
	à la carte	*aus der Karte = kein Menü*
	à la française	*auf französische Art*
	à la maison	*zu Hause*
	à mon âge	*in meinem Alter*
	à partir de	*von/ab*
	à pied	*zu Fuß*
	A quelle heure ?	*Um wie viel Uhr?*
	à qui ?	*wem?/wen?*
	absolument	*vollkommen/unbedingt*
	acheter	*kaufen*
l'	acteur *(m.)*	*Schauspieler*
	actif	*aktiv/lebhaft*
	active	*aktiv/lebhaft*
l'	actrice *(w.)*	*Schauspielerin*
	adorer	*lieben/sehr gerne mögen/anbeten*
l'	adresse *(w.)*	*Adresse*
l'	aéroport *(m.)*	*Flughafen*
l'	affaire *(w.)*	*Sache*
les	affaires *(w.)*	*Sachen*
les	affaires de toilette *(w.)*	*Toillettenartikel*
l'	âge *(m.)*	*Alter*
l'	agenda *(w.)*	*Terminkalender*
	agir	*handeln*
	Ah !	*Ach so!*
	Ah bon !	*Ach so!*
	Ah oui !	*Au ja!*
	Ah ! Le voilà !	*Ach, da ist er ja!*
	ai	*(ich) habe*
	aider	*helfen*
	aimable	*liebenswürdig*
	aimer (+ Inf.)	*etw. gerne tun*
	aimer (+ Subst.)	*mögen/lieben*
l'	airbus *(m.)*	*Airbus*
	ajouter	*hinzufügen*
l'	alcool	*Alkohol*
l'	Algérie *(w.)*	*Algerien*
l'	Algérien *(m.)*	*Algerier*
l'	Algérienne *(w.)*	*Algerierin*
l'	Allemand *(m.)*	*Deutscher*
l'	Allemande *(w.)*	*Deutsche*
	aller	*gehen/fahren*
	aller bien	*gut gehen*
	aller chercher	*abholen*
	aller en avion	*das Flugzeug nehmen*
	aller en train	*den Zug nehmen*
	aller en voiture	*das Auto nehmen*
	aller mal	*schlecht gehen*
	aller voir	*nachsehen*
	aller voir	*besuchen*
l'	aller-retour *(m.)*	*Hin- und Rückfahrt*
	allez	*(Sie/ihr) gehen/geht*
	Allez !	*los!/kommt!*
	Allô ?	*Antwort am Telefon*
	allons	*(wir) gehen*
	alors	*also*
les	Alpes *(w./Pl.)*	*Alpen*
	amener	*bringen*
l'	Américain *(m.)*	*Amerikaner*
l'	Américaine *(w.)*	*Amerikanerin*
l'	ami *(m.)*	*Freund*
l'	amie *(w.)*	*Freundin*
l'	amour *(m.)*	*Liebe*
s'	amuser	*Spaß haben/sich amüsieren*
l'	an *(m.)*	*Jahr*
l'	ananas *(m.)*	*Ananas*
l'	Anglais *(m.)*	*Engländer*
l'	Anglaise *(w.)*	*Engländerin*

l'	Angleterre *(w.)*	*England*
l'	animal *(m.)*	*Tier*
l'	année *(w.)*	*Jahr*
l'	anniversaire *(m.)*	*Geburtstag*
	août *(m.)*	*August*
l'	apéritif *(m.)*	*Aperitiv*
l'	apostrophe *(f.)*	*Apostroph*
l'	appareil photo *(m.)*	*Fotoapparat*
l'	appartement *(m.)*	*Wohnung*
s'	appeler	*heißen*
	appeler	*(an)rufen*
	appeler	*anrufen, rufen*
	apprendre	*lernen*
	appris	*gelernt*
	après	*nach/danach*
	après-demain	*übermorgen*
l'	après-midi *(m./w.)*	*Nachmittag*
l'	arabe *(m.)*	*Arabisch (Sprache)*
l'	architecte *(m./w.)*	*Architekt/in*
les	Ardennes *(w.)*	*die Ardennen*
l'	argent *(m.)*	*Geld*
l'	armoire *(w.)*	*Kleiderschrank*
	arrêter	*aufhören*
	arriver	*ankommen*
l'	arrondissement	*Stadtbezirk*
	as	*(du) hast*
l'	Asie *(w.)*	*Asien*
	assez	*genug*
	assez	*ziemlich*
l'	assiette *(w.)*	*Teller*
	attendre	*warten*
	attends	*warte mal*
	au	*auf (à + le)*
	au	*in (à + le)*
	au bord de la mer	*am Meer*
	au milieu de	*in der Mitte*
	au revoir	*auf Wiedersehen*
l'	auditeur *(m.)*	*Zuhörer*
l'	auditrice *(w.)*	*Zuhörerin*
	aujourd'hui	*heute/heutzutage*
	aussi	*auch*
	aussi	*auch*
	aussi ... que	*genauso ... wie*
l'	autoroute *(w.)*	*Autobahn*
	autre *(m./w.)*	*andere/r/s*
l'	Autriche *(w.)*	*Österreich*
l'	Autrichien *(m.)*	*Österreicher*
l'	Autrichienne *(w.)*	*Österreicherin*
	avancer	*weiter kommen*
	avant	*vor*
	avant-hier	*vorgestern*
	avec	*mit*
	avec plaisir	*mit Vergnügen*
l'	avenue *(w.)*	*Avenue*
l'	avenue Daumesnil	*avenue Daumesnil*
	avez	*(ihr) habt*
l'	avion *(m.)*	*Flugzeug*
	avoir	*haben*
	avoir besoin de	*benötigen, brauchen*
	avoir de la chance	*Glück haben*
	avoir faim	*Hunger haben*
	avoir froid	*frieren*
	avoir le temps	*Zeit haben*
	avoir mal	*Schmerzen haben*
	avoir mal à la tête	*Kopfschmerzen haben*
	avoir mal au ventre	*Bauchschmerzen haben*
	avoir son train	*seinen Zug erreichen*
	avons	*(wir) haben*
l'	avril	*April*

B

le	bac	*franz. Abitur*
le	badminton	*Badminton*
la	baguette	*Baguette*
le	balcon	*Balkon*
la	balle	*Ball*
le	ballon	*Ball*
la	banane	*Banane*
la	banque	*Bank*
le	bar	*Kneipe/Bar*
le	basket	*Basketball*
le	basket-ball	*Basketball*
la	Bastille	*Bastille*
le	bateau	*Boot/Schiff*
	beau	*schön*
	Beauchamp	*Beauchamp*
	beaucoup	*sehr*
	beaucoup	*viel*
	bel	*schön*

	Belaoui	*Belaoui*
le	belge	*Belgisch (Sprache)*
le	Belge *(m.)*	*Belgier*
la	Belge (w.)	*Belgierin*
la	Belgique	*Belgien*
	belle	*schön*
	ben, oui	*Hmm, ja*
le	beurre	*Butter*
	bien	*gut*
	bien sûr	*natürlich*
	bientôt	*bald*
la	bière	*Bier*
	bilingue	*zweisprachig*
le	billet	*Fahrkarte*
le	billet d'avion	*Flugticket*
le	billet de train	*Zugfahrkarte*
	bio	*Bio-*
la	biologie	*Biologie*
	blanc	*weiß*
	blanche	*weiß*
le	bleu	*Blau (die Farbe)*
	bleu	*blau*
	bleue	*blau*
	blond	*blond*
	blonde	*blond*
	boire	*trinken*
la	boisson	*Getränk*
	bon	*gut*
	bon appétit	*Guten Appetit*
	bon marché	*billig*
	Bon, ...	*Gut, ...*
le	bonbon	*Bonbon*
	bonjour	*guten Tag*
	bonne	*gut*
	Bordeaux	*Bordeaux*
	bouger	*sich bewegen*
le	boulanger	*Bäcker*
la	boulangère	*Bäckerin*
la	boulangerie	*Bäckerei*
le	boulevard	*Boulevard*
le	bouquet	*Blumenstrauß*
la	bouteille	*Flasche*
	bronzé	*gebräunt*
	bronzée	*gebräunt*
la	brosse à dents	*Zahnbürste*
	brun	*braunhaarig*
	brune	*braunhaarig*
	Bruxelles	*Brüssel*
	bu	*getrunken*
le	bureau	*Büro*
le	bureau	*Schreibtisch*
le	bus	*Bus*

C

	ça	*es/das*
	ça va	*es geht*
	Ça y est!	*Es ist soweit.*
le	cadeau	*Geschenk*
le	café	*Kaffee*
le	café	*Café*
la	caméra	*Kamera*
la	campagne	*Land*
le	Canada	*Kanada*
le	Canadien	*Kanadier*
la	Canadienne	*Kanadierin*
le	canal Saint-Martin	*Canal Saint-Martin*
le	caniche	*Pudel*
	Carcassonne	*Carcassonne*
	Caroline	*Caroline*
la	carte	*Karte/Speisekarte*
la	carte (postale)	*(Post-)karte*
la	carte de crédit	*die Kreditkarte*
	Casablanca	*Casablanca*
le	cassis	*schwarze Johannisbeere*
	Catherine	*Catherine*
le	CD	*CD*
	ce	*es/das*
	ce	*diese/r*
	ce matin	*heute Morgen*
	Ce n'est pas grave.	*Das ist nicht schlimm.*
	ce samedi	*diesen Samstag*
	ce soir	*heute Abend*
	ce sont	*das sind*
la	cédille	*Cedille*
	cela	*das/dies*
	célèbre	*berühmt*
le	célibataire	*Alleinstehender*
la	célibataire	*Alleinstehende*
	cent	*hundert*

	cent un	*hunderteins*
le / la	centième	*Hundertste*
	ces	*diese*
	c'est	*das ist*
	c'est dommage	*das ist schade*
	C'est plus facile a dire qu'à faire.	*Das ist leichter gesagt als getan.*
	cet	*dieser / dieses*
	cette	*diese*
la	chaise	*Stuhl*
la	chambre	*Zimmer / Schlafzimmer*
la	chance	*Glück*
	changer	*wechseln / tauschen*
se	changer	*sich umziehen*
	changer	*sich ändern*
	changer	*umsteigen*
	chanter	*singen*
le	chapeau	*Hut*
le	chaperon	*Käppchen*
	chaque	*jede / r*
	chaque jour	*jeden Tag*
	Charlotte	*Charlotte*
le	chat	*Katze (Kater)*
	Château-Chinon	*Château-Chinon*
la	chatte	*weibliche Katze*
la	chaussure	*Schuh*
le	chef	*der Chef*
le	chef cuisinier	*Chefkoch*
la	cheminée	*Kamin*
la	chemise	*Hemd*
	cher	*teuer*
	cher	*lieb*
	chercher	*suchen*
	chère	*teuer*
	chère	*lieb*
le	cheval	*Pferd*
le	cheveu	*Haar (einzelnes Haar)*
les	cheveux *(m. / pl.)*	*Haar / Haare / Frisur*
	chez	*zu*
	chez	*bei / zu Hause bei*
	chic	*schick*
le	chien	*Hund (Rüde)*
la	chienne	*Hündin*
la	Chine	*China*
le	Chinois	*Chinese*

le	chinois	*Chinesisch (Sprache)*
	chinois	*chinesisch*
la	Chinoise	*Chinesin*
	chinoise	*chinesisch*
les	chips	*Chips*
	Chléo	*Chléo*
	Chloé	*Chloé*
le	chocolat	*Schokolade*
la	chocolaterie	*Schokoladengeschäft, Pralinengeschäft*
	choisir	*auswählen*
	Christine	*Christine*
le	cinéma	*Kino*
	cinq	*fünf*
	cinq cents	*fünfhundert*
	cinquante	*fünfzig*
	cinquante-neuf	*neunundfünfzig*
le / la	cinquième	*Fünfte*
la	classe	*Klasse (Preiskategorie)*
la	classe affaires	*Businessklasse*
	Claude	*Claude*
la	clé	*Schlüssel*
la	clef	*Schlüssel*
le	client	*Kunde*
la	cliente	*Kundin*
le	cochon	*Schwein*
le	coiffeur	*Frisör*
la	coiffeuse	*Frisörin*
le	collègue	*Kollege*
la	collègue	*Kollegin*
	combien	*wie viel*
	combien de temps?	*wie lange?*
	comme	*wie*
	comme	*als*
	commencer	*beginnen*
	comment	*wie*
	comment ?	*wie (bitte)?*
	Comment allez-vous ?	*Wie geht es Ihnen / euch?*
	Comment ça se fait ?	*Wie ist das möglich?*
	Comment vas-tu ?	*Wie geht es dir?*
	complet	*voll / voll besetzt*
	complet	*vollständig*
	complète	*voll / voll besetzt*

	complète	*vollständig*
	complètement	*völlig/total*
	complètement	*vollständig*
	comprendre	*verstehen*
le	compte (en banque)	*Bankkonto*
	conduire	*fahren/leiten*
	confortable	*bequem*
	connais	*(ich) kenne*
	connais	*(du) kennst*
la	connaissance	*Kenntnis/ Bekanntschaft*
	connaissent	*(sie) kennen*
	connaissez	*(ihr/Sie) kennt/ kennen*
	connaissons	*(wir) kennen*
	connaît	*(er/sie/man) kennt*
	connaître	*kennen*
se	connaître	*sich kennen*
	connu	*gekannt/bekannt*
le	conseil	*Ratschlag*
	conservateur	*konservativ/altmodisch*
	conservatrice	*konservativ/altmodisch*
	content	*zufrieden*
	contente	*zufrieden*
le	contrat	*Vertrag*
	contre	*gegen*
les	coordonnées *(w./pl.)*	*die Personalien*
le	copain	*Freund*
la	copine	*Freundin*
la	Corse	*Korsika*
la	Côte d'Azur	*Côte d'Azur*
se	coucher	*ins Bett gehen*
la	couleur	*Farbe*
	couramment	*fließend*
le	coureur	*Läufer*
la	coureuse	*Läuferin*
	courir	*laufen*
le	cours	*Unterricht*
	court	*kurz*
	courte	*kurz*
	couru	*gelaufen*
le	cousin	*Cousin*
la	cousine	*Cousine*
	coûter	*kosten*
la	crème solaire	*Sonnencreme*
la	crêpe	*Pfannkuchen, Crêpe*
	Créteil	*Créteil*
	croient	*(sie) glauben*
	croire	*glauben*
	crois	*(ich) glaube*
	crois	*(du) glaubst*
le	croissant	*Croissant*
	croit	*(er/sie/man) glaubt*
	croyez	*(Sie/ihr) glauben/glaubt*
	croyons	*(wir) glauben*
	cru	*geglaubt*
la	cuillère	*Löffel*
la	cuisine	*Küche*

D

	d'abord	*zuerst*
	d'accord	*einverstanden*
	dans	*in*
	dans ce cas	*in diesem Fall*
	danser	*tanzen*
le	danseur	*Tänzer*
la	danseuse	*Tänzerin*
	d'autres	*andere*
	de	*Teilungsartikel*
	de	*aus*
	de	*von*
	de … à	*von … bis*
	de l'	*von/Teilungsartikel*
	de la	*Teilungsartikel*
le	début	*Anfang*
	décembre	*Dezember*
	déçu/e	*enttäuscht*
	déjà	*schon*
le	déjeuner	*Mittagessen*
	demain	*morgen*
	demander	*fragen nach/bitten*
	demander conseil	*um Rat fragen*
	demi/e	*halb*
la	demi-heure	*halbe Stunde*
le	dentifrice	*Zahnpasta*
le	dentiste	*Zahnarzt*

la	dentiste	*Zahnärztin*
le	départ	*Abfahrt*
	depuis	*seit*
	dernier	*letzter*
	dernière	*letzte*
	derrière	*hinter*
	des	*Pluralform des unbestimmten Artikels*
la	destination	*Bestimmungsort*
	détester qc	*etw. hassen / überhaupt nicht mögen*
	deux	*zwei*
	deux cents	*zweihundert*
	deux fois	*zweimal / zwei Mal*
	deux mille quatre	*zweitausendvier*
le / la	deuxième	*Zweite*
la	deuxième fois	*das zweite Mal / beim zweiten Mal*
	devant	*vor*
	devenir	*werden*
	devenu	*geworden*
	devez	*(Sie / ihr) müssen / müsst*
	devoir	*müssen*
	devons	*(wir) müssen*
la	différence	*Unterschied*
	difficile	*schwierig*
le	dîner	*Abendessen*
	dire	*sagen*
	directement	*direkt / sofort*
le	directeur	*Direktor*
la	directrice	*Direktorin*
	dis	*(ich) sage*
	dis	*(du) sagst*
	discret	*dezent / zurückhaltend*
	discrète	*dezent / zurückhaltend*
	disent	*(sie) sagen*
	disons	*(wir) sagen*
	disons	*sagen wir*
	disparaître	*verschwinden*
	disparu	*verschwunden*
le	disque	*Schallplatte*
la	disquette	*Diskette*
	dit	*(er / sie / man) sagt*
	dites	*(Sie / ihr) sagen / sagt*
	dix	*zehn*
	dix-huit	*achtzehn*
	dix-neuf	*neunzehn*
	dix-sept	*siebzehn*
le	docteur	*Doktor*
	dois	*(ich) muss*
	dois	*(du) musst*
	doit	*(er / sie / man) muss*
	doivent	*(sie) müssen*
	Dominique	*Dominique*
	donc	*also*
	donner	*geben*
	donner à manger	*füttern*
	dormir	*schlafen*
	d'où?	*woher?*
	douze	*zwölf*
	drôle	*lustig*
	du	*aus*
	du	*Teilungsartikel*
	dû	*gemusst*
	Dupont	*Dupont*
	durer	*dauern*
	Duval	*Duval*

E

l'	eau *(w.)*	*Wasser*
l'	eau gazeuse *(w.)*	*Kohlensäurehaltiges Mineralwasser*
l'	eau plate *(w.)*	*stilles Wasser*
	échanger	*austauschen / umtauschen*
l'	école *(w.)*	*Schule*
	écouter	*(zu / an)hören*
	écrire	*schreiben*
l'	église *(w.)*	*Kirche*
	élégant	*elegant*
	élégante	*elegant*
	elle	*sie*
	elle	*sie, betontes Personalpronomen*
	elles	*sie*
	emmener	*mitnehmen*
l'	employé / e	*Angestellte / r*
	en	*in*

	en	*davon*
	en	*dazu*
	en	*in*
	en	*im Jahre*
	en face	*gegenüber*
	en tout cas	*auf jeden Fall*
	enchanté / e	*sehr erfreut*
	encore	*noch*
s'	endormir	*einschlafen*
l'	enfance *(w.)*	*Kindheit*
l'	enfant *(m.)*	*Kind*
	ennuyeuse	*langweilig*
	ennuyeux	*langweilig*
	ensemble	*zusammen*
	ensuite	*danach / dann*
	entendre	*hören*
	entre	*zwischen*
	entre	*hier: unter*
	entre	*während*
l'	entreprise *(w.)*	*Unternehmen / Firma*
l'	entreprise d'informatique *(w.)*	*Computerfirma*
l'	enveloppe *(w.)*	*Briefumschlag*
l'	épicerie *(w.)*	*Lebensmittelgeschäft*
l'	équipe *(w.)*	*Mannschaft / Belegschaft*
	es	*(du) bist*
l'	Espagne *(w.)*	*Spanien*
l'	espagnol *(m.)*	*Spanisch (Sprache)*
	espérer	*hoffen*
	est	*(il / elle) ist*
	est-ce que ?	*Ausdruck, um eine Frage zu stellen*
	et	*und*
l'	Etat *(m.)*	*Staat*
les	Etats-Unis *(m. / Pl.)*	*Vereinigte Staaten*
	été	*gewesen*
l'	été *(m.)*	*Sommer*
	êtes	*(Sie) sind*
l'	étranger	*Ausland*
	étranger	*ausländisch*
l'	étranger *(m.)*	*Ausländer*
	étrangère	*ausländisch*
l'	étrangère *(w.)*	*Ausländerin*

	être	*sein*
	être désolé / e	*((es tut mir leid))*
	je suis (tu es / il est) désolé / e	*es tut mir (dir / ihm) Leid*
les	études *(w. / pl.)*	*Studium*
l'	étudiant *(m.)*	*Student*
l'	étudiante *(w.)*	*Studentin*
	étudier	*studieren*
	eu	*gehabt*
	Euh	*Hmm ...*
l'	euro *(m.)*	*Euro*
l'	Europe *(w.)*	*Europa*
	européen	*europäisch*
	européenne	*europäisch*
	eux	*sie, betontes Personalpronomen*
	évidemment	*natürlich / na klar (fam.)*
	exactement	*genau*
l'	excuse *(w.)*	*Ausrede*
	excuse-moi	*entschuldige*
	excusez-moi	*entschuldigen Sie*
l'	expert *(m.)*	*Experte*
l'	experte *(w.)*	*Expertin*

F

	facilement	*leicht / einfach*
le	facteur	*Briefträger*
	faible	*schwach*
	faire	*tun*
	faire ce qu'on peut	*tun, was man kann*
	faire de la gymnastique	*Gymnastik machen*
	faire de la musique	*Musik machen*
	faire de la natation	*schwimmen*
	faire des bêtises	*Blödsinn machen*
	faire du (36)	*(Kleider- / Schuh-) Größe (36) haben*
	faire du bruit	*Lärm machen*
	faire du cheval	*reiten*
	faire du piano	*Klavier spielen*
	faire du ski	*Ski fahren*
	faire du sport	*Sport machen*
	faire du tennis	*Tennis spielen*

	faire la connaissance de qn	*jdn kennen lernen*
	faire la cuisine	*kochen*
	faire la vaisselle	*Geschirr spülen*
	faire le ménage	*aufräumen/putzen*
	faire les courses	*Einkäufe machen/einkaufen*
	faire mal	*weh tun*
	faire qc dans la vie	*etw. beruflich machen*
	faire ses devoirs	*seine Hausaufgaben machen*
	faire un gâteau	*Kuchen backen*
	faire un stage	*ein Praktikum machen*
	fais	*(ich) mache*
	fais	*(du) machst*
	faisons	*(wir) machen*
	fait	*(er/sie) macht*
	fait	*gemacht*
	faites	*(ihr/Sie) macht/machen*
	Faites comme chez vous!	*Fühlen Sie sich wie daheim!*
	falloir	*müssen*
la	famille	*Familie*
la	farine	*Mehl*
	fatigant	*ermüdend/anstrengend*
	fatigante	*ermüdend/anstrengend*
	fatigué/e	*müde*
	Fatiha	*Fatiha*
le	fauteuil	*Sessel*
la	femme	*Frau*
la	femme	*Ehefrau*
la	femme docteur	*Doktorin*
la	femme ingénieur	*Ingenieurin*
la	femme médecin	*Ärztin*
	fermer	*schließen*
la	fête	*Feier/Fest*
la	Fête du Travail	*Tag der Arbeit*
	fêter	*feiern*
la	fille	*Tochter*
le	film	*Film*
	finir	*beenden*
se	finir	*auslaufen/zu Ende gehen*
la	fleur	*Blume*
	Florence	*Florenz*
	font	*(sie) machen*
le	football	*Fußball*
	fort	*stark*
	fort	*hier: gut*
	forte	*stark*
	forte	*hier: gut*
le	Français	*Franzose*
le	français	*Französisch (Sprache)*
	français	*französisch*
	française	*französisch*
la	Française	*Französin*
la	France	*Frankreich*
	Francine	*Francine*
	François Delaunay	*François Delaunay*
	Franz	*Franz*
	Frédéric	*Frédéric*
	Frédérique	*Frédérique*
le	frère	*Bruder*
le	frigidaire	*Kühlschrank*
les	frites *(w./Pl.)*	*Pommes frites*
le	fromage	*Käse*
	fumer	*rauchen*

G

	Gaëlle	*Gaëlle*
	gagner	*gewinnen*
le	garage	*Garage*
le	garçon	*Junge*
	garder	*hier: betreuen*
la	gare	*Bahnhof*
	Gaston	*Gaston*
le	gâteau	*Kuchen*
	genial	*genial*
	géniale	*genial*
	gentil	*nett*
	gentille	*nett*
le	goûter	*Imbiss*
le	gramme	*Gramm*
	grand	*groß*
	grand	*großartig*
	grande	*groß*
	grande	*großartig*
les	grandes vacances	*Sommerferien*

	grandir	*wachsen*
la	grand-mère	*Großmutter*
	gratuit	*kostenlos*
	gratuite	*kostenlos*
	grave	*schlimm, schwerwiegend*
	Grenoble	*Grenoble*
la	grève	*Streik*
	gris	*grau*
	grise	*grau*
	gros	*dick*
	grosse	*dick*
la	guitare	*Gitarre*
la	gymnastique	*Gymnastik*

H

	Ha, ha	*Ha ha*
s'	habiller	*sich anziehen*
	habiter	*wohnen*
	Hein ?	*Wie bitte?*
	Hein ?	*nicht wahr?*
l'	heure *(w.)*	*Uhr(zeit) / Stunde*
	heureuse	*glücklich*
	heureusement	*zum Glück / glücklicher Weise*
	heureux	*glücklich*
	hier	*gestern*
l'	histoire *(w.)*	*Geschichte*
l'	homme *(m.)*	*Mann*
	Honfleur	*Honfleur*
l'	hôpital *(m.)*	*Krankenhaus*
l'	hôtel *(m.)*	*Hotel*
l'	Hôtel de la Pitié	*l'Hôtel de la Pitié*
	huit	*acht*
le / la	huitième	*Achte*

I

	ici	*hier*
l'	idée *(w.)*	*Idee / Einfall*
	il	*er*
	Il est … heures.	*Es ist … Uhr.*
	il fait … degrés	*es sind … Grad*
	il fait beau	*es ist gutes Wetter*
	il fait chaud	*es ist warm / heiß*
	il fait froid	*es ist kalt*
	il fait mauvais	*es ist schlechtes Wetter*
	il faut	*(il faut + Inf.) man muss*
	il faut (+ Substantiv)	*man braucht*
	il manque	*es fehlt*
	il me faut	*il me faut (+ Substantiv) ich brauche*
	il n'y a pas de …	*es gibt keine …*
	il n'y en a plus	*es gibt keine mehr*
	il pleut	*es regnet*
	il y a	*es gibt*
	il y a	*hier: vor*
	Il y en a	*Es gibt davon*
l'	île *(w.)*	*Insel*
l'	île *(w.)* de Ré	*Insel Ré*
	ils	*sie*
	important	*wichtig*
	importante	*wichtig*
l'	informatique	*Informatik*
	informatique	*Computer-*
l'	ingénieur *(m.)*	*Ingenieur*
l'	ingrédient	*Zutat*
s'	installer	*sich niederlassen*
l'	instrument *(m.)*	*Musikinstrument*
	intéressant	*interessant*
	intéressante	*interessant*
l'	interview *(w.)*	*Interview*
l'	invité *(m.)*	*Gast*
l'	invitée *(w.)*	*weiblicher Gast*
	inviter	*einladen*
l'	Italie *(w.)*	*Italien*
l'	Italien *(m.)*	*Italiener*
l'	Italienne *(w.)*	*Italierin*

J

	Jane	*Jane*
le	janvier	*Januar*
	japonais	*japanisch*
	japonaise	*japanisch*
le	jardin	*Garten*
le	jardinier	*Gärtner*
la	jardinière	*Gärtnerin*
	jaune	*gelb*
le	jaune	*Gelb (Farbe)*
le	jaune d'oeuf	*Eigelb*
le	jazz	*Jazzmusik*
	je	*ich*
	Je n'en peux plus.	*Ich kann nicht mehr.*
	Je peux vous aider?	*Kann ich Ihnen helfen?*
	je voudrais (+ Infinitiv)	*ich würde gerne*
	je voudrais (+ Substantiv)	*ich hätte gerne*
	Jean	*Jean*
	Jean-Marie	*Jean-Marie*
	Jeanne	*Jeanne*
	Jeanne-Marie	*Jeanne-Marie*
	Jean-Pierre	*Jean-Pierre*
	jeune	*jung*
	Jimi Hendrix	*Jimi Hendrix*
	Joel	*Joel*
	Joelle	*Joelle*
	Johnny	*Johnny*
	joli / e	*hübsch*
	jouer	*spielen*
	jouer au tennis	*Tennis spielen*
	jouer du piano	*Klavier spielen*
	jouer d'un instrument	*ein Instrument spielen*
le	joueur	*Spieler*
le	joueur de tennis	*Tennisspieler*
la	joueuse	*Spielerin*
la	joueuse de tennis	*Tennisspielerin*
le	jour	*Tag*
le	journal	*Zeitung / Tageszeitung*
le	journalisme	*Journalismus*
le	journaliste	*Journalist*
la	journaliste	*Journalistin*
	joyeuse	*fröhlich*
	joyeux	*fröhlich*
le	juillet	*Juli*
	Julia	*Julia*
	Julie	*Julie*
	Julien	*Julien*
le	jus	*Saft*
le	jus d'orange	*Orangensaft*
	jusque	*bis*
	jusqu'ici	*bis hier*
	juste là	*gleich hier*

K

le	kilo	*Kilo(gramm)*

L

	la	*die*
	là	*dort / da*
	-là	*(celui-lá) diesen da*
	la nuit	*in der Nacht / nachts*
	La Rochelle	*La Rochelle*
	là-bas	*dort*
	laid	*hässlich*
	laide	*hässlich*
	laisser	*lassen*
le	lait	*Milch*
le	latin	*Latein (Sprache)*
	Laura	*Laura*
	Laure	*Laure*
se	laver	*sich waschen*
	le	*der*
	le matin	*morgens / jeden Morgen*
	Le Monde	*Le Monde*
	Le Pré-Saint-Gervais	*Le Pré-Saint-Gervais*
	le samedi	*jeden Samstag*
	le week-end	*jedes Wochenende*
	le / la / les	*bestimmter Artikel*
la	leçon	*Lektion*
	lent	*langsam*
	lente	*langsam*
	les	*bestimmter Artikel im Plural*
la	lettre	*Brief*
	leur	*ihr / e*

	leur	*ihnen / ihr*
	leurs	*ihre*
	lever	*(auf / er-) heben*
se	lever	*aufstehen*
	libre	*frei*
la	ligne	*Fluglinie*
la	ligne	*Linie / Strich*
la	limonade	*Limonade*
	lire	*lesen*
le	lit	*Bett*
le	livre	*Buch*
	loin	*weit weg / entfernt*
	Londres	*London*
	long	*lang*
	longtemps	*lange (Zeit)*
	longue	*lang*
	Louis XIV	*Ludwig der Vierzehnte*
le	Louvre	*der Louvre (Museum in Paris)*
	lu	*gelesen*
	lui	*er*
	lui	*ihm / ihr*
le	lundi	*Montag*
	lundi matin	*Montagmorgen*
la	lune	*Mond*
les	lunettes *(w. / Pl.)*	*Brille*
les	lunettes de soleil *(w. / Pl.)*	*Sonnenbrille*
	Lyon	*Lyon*

M

	M.	*Abkürzung von: Herr (Hr.)*
	ma	*mein / e*
	Madame	*Frau (Anrede)*
	Mademoiselle	*Fräulein (Anrede)*
	Madrid	*Madrid*
le	magasin	*Geschäft*
le	magasin de chaussures	*Schuhgeschäft*
	magnifique	*fantastisch*
	mai	*Mai*
le	maillot de bain	*Badeanzug, -hose*
la	main	*Hand*
	maintenant	*jetzt*
	mais	*aber*
	Mais si !	*Doch, doch!*
la	maison	*Haus*
la	maison blanche	*weiße Haus*
	mal	*schlecht / schlimm*
	malade	*krank*
la	mamie	*Großmutter (Kosewort)*
	manger	*essen*
la	manifestation	*Demonstration*
	manquer	*fehlen*
le	manteau	*Mantel*
	Marc	*Marc*
le	marchand	*Händler*
la	marchande	*Händlerin*
	marcher	*gehen / schreiten*
le	mardi	*Dienstag*
	mardi après-midi	*Dienstagnachmittag*
	mardi matin	*Dienstagmorgen*
le	mari	*Ehemann*
le	mariage	*Hochzeit*
	Marie	*Marie*
	marié / e	*verheiratet*
se	marier	*heiraten*
	Marie-Sophie	*Marie-Sophie*
le	Maroc	*Marokko*
le	Marocain	*Marokkaner*
	marocain	*marokkanisch*
	marocaine	*marokkanisch*
la	Marocaine	*Marokkanerin*
	marquer	*vermerken*
	marron	*braun*
	Marseille	*Marseille*
	Martin	*Martin*
le	match	*Spiel / Partie*
les	mathématiques	*Mathematik*
	Mathieu	*Mathieu*
	Mathilde	*Mathilde*
le	matin	*Morgen / Vormittag*
	mauvais	*schlecht*
	mauvaise	*schlecht*
	me	*mich*
le	médecin	*Arzt*
le	meilleur	*Beste*
	meilleur	*besser*

la	meilleure	*Beste*
	meilleure	*bessere*
	mélanger	*mischen*
	même	*sogar*
la	mer	*Meer*
la	Mercedes	*Mercedes*
	merci	*danke*
le	mercredi	*Mittwoch*
la	mère	*Mutter*
la	merguez	*Merguez (kleine, scharf gewürzte Paprikabratwurst aus Lammfleisch)*
	mes	*meine*
le	métro	*U-Bahn, Metro*
	mettre	*setzen/stellen/legen/hängen*
	mettre	*hier: anziehen*
le	Mexicain	*Mexikaner*
le	mexicain	*Mexikanisch (Sprache)*
la	Mexicaine	*Mexikanerin*
le	Mexique	*Mexiko*
	Michel	*Michel*
	Michèle	*Michèle*
le	midi	*Mittag/Süden*
	mieux	*besser*
	mille neuf cent quatre-vingt quatorze	*neunzehnhundert-vierundneunzig*
	mille neuf cent soixante-quatorze	*eintausendneun-hundertvierundsiebzig (Jahr: neunzehnhun-dertvierundsiebzig)*
	mille neuf cents quatre-vingt trois	*neunzehnhundert-dreiundachtzig*
	mille neuf cents soixante-treize	*neunzehnhundert-dreiundsiebzig*
	Minou	*Mieze-Katze*
le	minuit *(m.)*	*Mitternacht*
la	minute	*Minute*
	mis	*hier: angezogen*
	Mlle	*Abkürzung von: Fräulein (Frl.)*
	Mme	*Abkürzung von: Frau (Fr.)*
	moi	*ich (ohne Verb), mir/dir (mit Präposition)*
	moindre	*kleiner/geringer*
	moins	*Minus/weniger*
	moins	*hier: vor*
	moins ... que	*weniger ... als*
	moins le quart	*Viertel vor (Uhrzeit)*
le	mois	*Monat*
le	moment	*Moment*
	mon	*mein/e*
le	monde	*Welt*
	Monsieur	*Herr (Anrede)*
la	montagne	*Gebirge*
	Montmartre	*Montmartre*
la	montre	*(Armband-) Uhr*
	Montréal	*Montreal (Stadt in ...e*
la	moto	*Motorrad*
	Moulin	*Moulin*
	Mounier	*Mounier*
	Mounir	*männlicher Vorname aus dem Arabischen*
la	mousse	*Schaum*
la	mousse au chocolat	*Mousse au chocolat*
le	musée	*Museum*
le	musée des Beaux-Arts	*Kunstmuseum*
le	musicien	*Musiker*
la	musicienne	*Musikerin*
la	musique	*Musik*

N

	Nadège	*Nadège*
	nager	*schwimmen*
	naître	*geboren werden*
	naturel	*natürlich*
	naturelle	*natürlich*
	naturellement	*natürlich*
	né	*geboren*
	ne ... aucun	*kein*
	ne ... aucune	*keine*
	ne ... jamais	*niemals*
	ne ... personne	*niemand*
	ne ... plus	*nicht mehr*

	ne … rien	*nichts*
	ne … pas	*nicht*
	ne … plus	*nicht mehr*
	ne rien faire	*nichts tun*
	Ne t'en fais pas !	*Mach' dir keine Sorgen!*
	né / e *(m. / w.)*	*geboren*
	née	*geboren*
	N'est-ce pas ?	*nicht wahr?*
	neuf	*neun*
le / la	neuvième	*Neunte*
	New York	*New York*
le	nez	*Nase*
	Nice	*Nizza*
	Nicolas	*Nicolas*
	Nirvana	*Nirvana*
le	Noël *(m.)*	*Weihnachten*
	noir	*schwarz*
	noire	*schwarz*
le	nom	*Name*
	non	*nein*
	non plus	*auch nicht*
	non, merci	*nein, danke*
la	Normandie	*Normandie*
	notre	*unser / e*
	Notre-Dame	*Notre-Dame*
	nous	*wir*
	nous	*uns*
	nouveau	*neu*
	nouvel	*neu (männlich, vor Vokal)*
	nouvelle	*neu*
le	nuage	*Wolke*
la	nuit	*Nacht*
le	numéro	*Nummer*
le	numéro de compte	*Kontonummer*

O

	octobre *(m.)*	*Oktober*
l'	oeuf *(m.)*	*Ei*
l'	oeil *(m.)*	*Auge*
	offert	*geschenkt*
l'	offre *(w.)*	*Angebot*
	offrir	*anbieten*
	offrir	*schenken*
	Oh …	*Ach, …*
	Oh là là !	*Oh weh! Oh nein!*
	Oh non !	*Oh nein!*
	on	*man, wir*
	on va	*wir gehen*
	On y va !	*Auf geht's! / Lasst uns gehen / Wir wollen gehen! / Man geht!*
l'	oncle *(m.)*	*Onkel*
	ont	*(sie) haben*
	onze	*elf*
le / la	onzième	*Elfte*
	orange	*orange(farben)*
l'	orange *(w.)*	*Apfelsine / Orange*
l'	ordinateur *(m.)*	*Computer*
	organiser	*organisieren / veranstalten*
	où	*wo*
	oublier	*vergessen*
	oui	*ja*
	ouvrir	*öffnen*

P

	Pablo	*Pablo*
les	pages blanches	*Telefonbuch von Frankreich*
les	pages jaunes	*Branchenbuch von Frankreich*
le	pain	*Brot*
la	paire	*Paar*
le	pantalon	*Hose*
la	panthère	*Panther*
la	panthère rose	*rosarote Panther*
	papa	*Papa*
	Pâques *(w. / Pl.)*	*Ostern*

le	paquet	*Paket / Päckchen*
	par	*hier: pro*
le	parapluie	*Regenschirm*
le	parc	*Park*
le	parc des Buttes-Chaumont	*Buttes-Chaumont-Park*
	parce que	*weil*
les	parents	*Eltern*
les	parents	*Angehörige / Verwandte*
	parfait	*perfekt*
	parfaite	*perfekt*
	parfois	*manchmal*
	Paris	*Paris*
le	Parisien	*Pariser*
	parisien	*Pariser / pariserisch*
la	Parisienne	*Pariserin*
	parisienne	*Pariser / pariserisch*
	parler	*sprechen*
	partir	*weggehen / abfahren*
	partir en famille	*mit der Familie weg fahren*
	partir en vacances	*in Urlaub fahren*
	partout	*überall*
	pas	*hier: nicht*
	pas de	*kein / e*
	pas encore	*noch nicht*
	Pas moi !	*Ich nicht!*
	pas vraiment	*nicht wirklich*
	Pascal	*Pascal*
	Pascale	*Pascale*
	passer	*verbringen*
	passer	*vergehen*
	passer	*vorbeigehen / fahren*
le	pastis	*Anisschnaps*
la	pâte	*Teig*
la	pause déjeuner	*Mittagspause*
	pauvre	*arm*
	pauvre	*armselig*
	payer	*bezahlen*
le	pays	*Land*
le	péage	*Zahlstelle an der Autobahn*
	pendant	*während*
	penser	*denken*
	perdre	*verlieren*
le	père	*Vater*
	Perpignan	*Perpignan*
la	personne	*Person*
	Personne ne …	*Niemand …*
la	pétanque	*Boulespiel*
	petit	*klein*
le	petit chaperon rouge	*Rotkäppchen*
le	petit pain au chocolat	*Schokobrötchen / Schokocroissant*
le	petit-déjeuner	*Frühstück*
	petite	*klein*
la	petite-fille	*Enkeltochter*
le	petit-four	*exquisites Kleingebäck*
la	Peugeot	*Peugeot*
	peut	*(er / sie / man) kann*
	peut-être	*vielleicht*
la	photo	*Foto*
le	photographe	*der Fotograf*
la	photographe	*die Fotografin*
la	phrase	*Satz*
la	physique	*Physik*
le	piano	*Klavier*
la	pièce	*Stück*
la	pièce de monnaie	*Geldstück*
le	pied	*Fuß*
	Pierre	*Pierre*
le	pilote	*Pilot*
la	pilote	*Pilotin*
le	ping-pong	*Tischtennis*
	pire	*schlechter / schlimmer*
la	piscine	*Schwimmbad*
la	place	*Sitzplatz*
la	place économique	*Platz in der Economy-Klasse*
la	plage	*Strand*
le	plan de ville	*Stadtplan*
le	plat	*Gericht*
le	plat du jour	*Tagesgericht*
le	play-boy	*Playboy*
	plus … que	*mehr … als*
la	poêle	*Pfanne*
la	pomme	*Apfel*
le	pont de Bercy	*Bercy-Brücke*
la	porte	*Tür*

	porter	*tragen*
le	Portugais	*Portugiese*
la	Portugaise	*Portugiesin*
le	Portugal	*Portugal*
	poser	*hier: stellen*
	poser des questions sur …	*Fragen stellen über jd/etw*
la	poste	*Post*
	poster	*abschicken/versenden*
le	poulet au basilic	*Huhn mit Basilikum*
	pour	*pour (+ Substantiv) für*
	pour	*pour (+ Infinitiv) um zu*
	pour	*hier: wegen*
	pour le moment	*im Moment*
	pourcent	*Prozent*
	pourquoi	*warum*
	Pourquoi pas ?	*Warum nicht?*
	pouvoir	*können*
	pratique	*praktisch*
	précis	*genau*
	précise	*genau*
	préférer	*bevorzugen*
le	premier	*Erste*
la	première	*Erste*
la	première fois	*das erste Mal/beim ersten Mal*
	prend	*(er/sie/man) nimmt*
	prendre	*nehmen*
	prendre des vacances	*Urlaub nehmen*
	prendre le petit-déjeuner	*frühstücken*
	prendre rendez-vous	*Termin vereinbaren*
	prends	*(ich) nehme*
	prends	*(du) nimmst*
	prenez	*(Sie/ihr) nehmen/nehmt*
	prennent	*(sie) nehmen*
	prenons	*wir nehmen*
	préparer	*(vor/zu-) bereiten*
	près de	*nahe (bei)/in der Nähe von*
	présenter	*vorstellen*
	presque	*fast*
	prêt	*fertig*
	prête	*fertig*
le	printemps	*Frühling/Frühjahr*
	pris	*genommen*
le	prix	*Preis*
le	problème	*Problem*
	prochain	*nächster*
	prochaine	*nächste*
le	produit	*Produkt*
le	produit bio	*Bio-Produkt*
le	professeur	*Lehrer/Professor*
la	professeur	*Lehrerin/Professorin*
se	promener	*spazieren gehen*
	proposer	*vorschlagen*
	pu	*gekonnt*
	public	*öffentlich*
	publique	*öffentlich*
	puis	*dann, danach*
le	pull	*Pullover*
les	Pyrénées *(m./pl.)*	*Pyrenäen*

Q

	quand	*wenn*
	quand	*wann*
	quand même	*trotzdem/dennoch*
	quarante	*vierzig*
	quarante-deux	*zweiundvierzig*
	quarante-huit	*achtundvierzig*
le/la	quarante-huitième	*Achtundvierzigste*
	quarante-trois	*dreiundvierzig*
le	quart	*Viertel*
le	quart d'heure	*Viertelstunde*
le	quartier	*Stadtviertel*
	quatorze	*vierzehn*
	quatre	*vier*
	quatre cents sept	*vierhundertsieben*
le	quatre heures	*Imbiss*
	quatre-vingt-deux	*zweiundachtzig*
	quatre-vingt-dix-neuf	*neunundneunzig*
	quatre-vingt-onze	*einundneunzig*
	quatre-vingt-quatorze	*vierundneunzig*

	quatre-vingt-quatre	*vierundachtzig*
	quatre-vingts	*achtzig*
	quatre-vingt-dix	*neunzig*
	quatre-vingt-un	*einundachtzig*
le / la	quatrième	*Vierte*
le	quai de Bercy	*quai de Bercy*
	que	*dass*
	Que …	*soll / möge*
	que	*was*
	quelqu'un	*jemand*
	quel / le	*welche / r / s*
	Quelle heure est-il?	*Wie viel Uhr ist es?*
	quelque chose	*etwas*
	quelques	*einige / ein paar*
	qu'est-ce que	*was*
	qui	*wer?*
	qui	*wen?*
la	quiche	*Quiche*
	quinze	*fünfzehn*
	quitter	*verlassen*
	quoi	*was*
	Quoi?	*Was? / Wie bitte?*

R

le	radiateur	*Heizkörper*
	ranger	*hier: aufräumen*
	ranger la chambre	*Zimmer aufräumen*
le	rap	*Rapmusik*
	rapide	*schnell*
	rapidement	*schnell*
	rare	*selten*
	rarement	*selten*
	Raymond	*Raymond*
la	réalité	*Wirklichkeit*
la	recette	*Kochrezept*
le	rédacteur	*Redakteur*
la	rédactrice	*Redakteurin*
la	réduction	*Nachlass / Ermäßigung*
	réfléchir	*nachdenken*
	regarde	*Sieh mal*
	regarder	*(an) sehen / (an) schauen*
	regarder	*nachsehen in*
le	régime	*Diät*
la	région	*Gegend*
	rencontrer	*treffen*
le	rendez-vous	*Verabredung / Termin*
	rendre	*zurückgeben*
	rendre visite à qn	*besuchen*
	rendu	*zurückgegeben*
	René	*René*
	Renée	*Renée*
	rentrer	*zurückkehren*
	rentrer à la maison	*nach Hause kommen*
la	réponse	*Antwort*
se	reposer	*sich ausruhen*
le	restaurant	*Gaststätte*
	rester	*bleiben*
le	retard	*Verspätung*
	retirer de l'argent	*Geld abhehen*
le	retour	*Rückreise*
	réussir	*gelingen / Erfolg haben*
	revenir	*zurückkommen*
	revenu	*zurückgekehrt*
	rêveur	*verträumt*
	rêveuse	*verträumt*
	revoir	*wiedersehen*
le	rideau	*Vorhang / Gardine*
	Rien ne …	*Nichts …*
la	robe	*Kleid*
	Rome	*Rom*
la	rose	*Rose*
	Rouen	*Rouen*
le	rouge	*Rot (die Farbe)*
	rouge	*rot*
la	route nationale	*Nationalstraße*
la	rue	*Straße*
la	rue Rambouillet	*rue Rambouillet*
le	Russe	*Russe*
la	Russe	*Russin*
le	russe	*Russisch (Sprache)*
la	Russie	*Russland*

S

	sa	*sein/e/ihre*
le	sac	*Tasche*
le	Sacré-Cœur	*Sacre-Cœur*
	sais	*(du) weißt*
	sais	*(ich) weiß*
	sait	*(er/sie/man) weiß*
la	salle de sport	*Fitness-Studio*
le	salon	*Wohnzimmer*
	salut	*Hallo*
le	samedi	*Samstag*
le	sandwich	*Sandwich*
	sans	*ohne/-frei*
	savent	*(sie) wissen*
	savez	*(ihr/sie) wissen*
	savoir	*wissen/können*
	savons	*(wir) wissen*
	se	*sich*
le	second	*zweite*
la	seconde	*zweite*
la	Seconde Guerre Mondiale	*Zweite Weltkrieg*
la	Seine	*Seine (Fluss durch Paris)*
	seize	*sechzehn*
le	sel	*Salz*
la	semaine	*Woche*
la	semaine dernière	*letzte Woche*
	sentir	*fühlen/riechen*
se	sentir	*sich fühlen*
	sentir bon	*gut riechen*
	sept	*sieben*
le/la	septième	*Siebte*
le	septième ciel	*siebte Himmel*
	sérieuse	*ernst*
	sérieusement	*ernsthaft/gewissenhaft*
	sérieux	*ernst*
	sers	*(du) servierst*
	sers	*(ich) serviere*
	servent	*(sie) servieren*
le	serveur	*Kellner*
la	serveuse	*Kellnerin*
	servir	*(be-) dienen*
	servir	*servieren*
	servons	*(wir) servieren*
	ses	*seine*
	seul	*einzig/alleine/einsam*
	seule	*einzige/alleine/einsam*
	seulement	*nur*
le	shampoing	*das Haarshampoo*
	si	*doch/ja schon*
	si	*doch*
	s'il vous plaît	*bitte (gesiezt)*
	Simian	*Familienname*
	Simon	*Simon*
	Simone	*Simone*
	six	*sechs*
	six cent vingt-quatre	*sechshundertvier-undzwanzig*
le/la	sixième	*Sechste*
le	ski	*Ski*
la	sœur	*Schwester*
le	soir	*Abend*
	soixante	*sechzig*
	soixante-dix	*siebzig*
	soixante-dix-huit	*achtundziebzig*
	soixante-douze	*zweiundsiebzig*
	soixante et onze	*einundsiebzig*
	soixante et un	*einundsechzig*
le	soleil	*Sonne*
la	solution	*Lösung*
la	somme	*Summe*
	sommes	*(wir) sind*
	son	*sein/e*
	sont	*(sie) sind*
	Sophie	*Sophie*
	sorti/e	*ausgegangen*
	sortir	*ausgehen/hinausgehen*
la	soupe	*Suppe*
la	souris	*Maus*
	sous	*unter*
	souvent	*oft*
la	spécialité	*Spezialität*
le	sport	*Sport*
	sportif	*sportlich*
le	sportif	*Sportler*
la	sportive	*Sportlerin*
	sportive	*sportlich*
le	stage	*Praktikum*

	Stéphane	*Stéphane*
le	studio	*Studio*
le	stylo	*Kugelschreiber*
	su	*gewusst/gekannt*
le	sucre	*Zucker*
le	Sud	*Süden*
le	Suédois	*Schwede*
la	Suédoise	*Schwedin*
	suis	*(ich) bin*
le	Suisse	*der Schweizer*
la	Suisse	*die Schweizerin*
la	Suisse	*Schweiz*
	super	*sehr (umgsspr)*
	super	*super (umganss.)*
	Superman	*Superman*
le	supermarché	*Supermarkt*
	sur	*auf*
	sûr	*sicher*
	sûre	*sicher*
la	surprise	*Überraschung*
	surtout	*vor allem*
	Susan	*Susan*
le	sushi	*Sushi*
	sympa	*nett, freundlich, gemütlich (ugs.)*

T

	ta	*dein/e*
la	table	*Tisch*
la	taille	*(Kleider-/Schuh-) Größe*
	Tanja	*Tanja*
la	tante	*Tante*
	tard	*spät*
la	tarte aux pommes	*Apfelkuchen*
la	tasse	*Tasse*
	te	*dir/dich*
	te	*dich*
la	techno	*Technomusik*
le	tee-shirt	*T-Shirt*
la	télé(vision)	*Fernsehen*
le	téléphone	*Telefon*
le	(téléphone) portable	*Handy*
	téléphoner	*anrufen/telefonieren*
le	temps	*Zeit*
le	tennis	*Tennis*
	Teresa	*Teresa*
	tes	*deine*
la	tête	*Kopf*
le	thé	*Tee*
	Thomas	*Thomas*
le	timbre	*Briefmarke*
	toi	*du (ohne Verb), dir/dich (mit Präposition)*
les	toilettes *(w./Pl.)*	*Toilette*
le	toit	*Dach*
la	tomate	*Tomate*
	ton	*dein/e*
	tôt	*früh*
	toujours	*immer*
le	Tour de France	*Tour de France*
la	Tour Eiffel	*Eiffelturm*
le	tourisme	*Tourismus*
le	touriste	*Turist*
la	touriste	*Turistin*
	tourner	*hier: abbiegen*
	tous	*alle*
	tous les jours	*jeden Tag*
	tous les soirs	*jeden Abend*
	tout	*alles*
	tout	*ganz*
	tout droit	*gerade aus*
	tout le temps	*die ganze Zeit*
un	tout petit peu	*ganz kleines Bisschen*
	tout près d'ici	*ganz in der Nähe von hier*
	toute	*ganz*
	toutes	*alle*
le	train	*Zug*
	tranquillement	*ruhig/in Ruhe*
le	travail	*Arbeit*
	travailler	*arbeiten*
les	travaux	*Bauarbeiten*
	treize	*dreizehn*
	trente	*dreißig*
	trente-six	*sechsundreißig*
	très	*sehr*
	triste	*traurig*

	trois	*drei*
	trois fois	*drei Mal/dreimal*
le/la	troisième	*Dritte*
	trop	*zu (sehr/viel)*
	trouver	*finden*
	trouver drôle	*lustig finden*
	tu	*du (Personalpronomen)*

U

	un	*ein*
	un	*eins*
	un jour	*eines Tages*
	un matin	*eines Morgens*
	un moment	*einen Moment*
	un peu de	*ein wenig, ein bisschen, etwas*
	une	*eine*
l'	université	*Universität*

V

	va	*(er/sie) geht*
les	vacances *(w./Pl.)*	*Ferien*
	vaincre	*siegen/besiegen*
	vaincu	*gesiegt*
je	vais	*(ich) gehe*
la	valise	*Koffer*
	valoir	*gelten/taugen*
	vas	*(du) gehst*
le	vase	*(Blumen-)vase*
	vaut	*(es) gilt*
le	vélo	*Fahrrad*
le	vendeur	*Verkäufer*
la	vendeuse	*Verkäuferin*
	vendre	*verkaufen*
le	vendredi	*Freitag*
	vendu	*verkauft*
	venez	*(ihr/Sie) kommt/kommen*
	venir	*kommen*
	venir voir qn	*jdn besuchen*
	Venise	*Venedig*
	venons	*(wir) kommen*
	venu	*gekommen*
le	verre	*Glas*
	vers	*gegen/etwa um*
	vers	*in Richtung*
	vers	*in der Nähe*
	vert	*grün*
	verte	*grün*
la	veste	*Jacke*
le	vêtement	*Kleidungsstück*
	veulent	*(sie) wollen*
	veut	*(er/sie) will*
	veux	*(ich) will*
	veux	*(du) willst*
	vide	*leer*
la	vie	*Leben*
	vieil	*alt*
	vieille	*alt*
	Vienne	*Wien (Stadt in Österreich)*
	viennent	*(sie) kommen*
	viens	*(du) kommst*
	viens	*(ich) komme*
	vient	*(er/sie)kommt*
	vieux	*alt*
la	ville	*Stadt*
le	vin	*Wein*
	vingt	*zwanzig*
	vingt-deux	*zweindzwanzig*
	vingt et un	*einundzwanzig*
	vingt et une	*einundzwanzig*
le/la	vingt et unième	*Einundzwanzigste*
	vingt-quatre	*vierundzwanzig*
	vingt-six	*sechsundzwanzig*
	vingt-trois	*dreiundzwanzig*
le	violon	*Geige*
la	visite guidée	*Führung*
	vite	*schnell*
	vivre	*leben*
	voici	*hier ist/sind*
	voient	*(sie) sehen*
	voilà	*da/dort ist …*
	voir	*sehen*
	vois	*(ich) sehe*
	vois	*(du) siehst*
le	voisin	*Nachbar*
la	voisine	*Nachbarin*

	voit	*(er/sie/man) sieht*
la	voiture	*Auto/Wagen*
la	voiture de sport	*Sportwagen*
le	vol	*Flug*
	voler	*fliegen*
le	voleur	*Dieb*
la	voleuse	*Diebin*
	vont	*(sie) gehen*
	votre	*euer/e/Ihr/e*
	voulez	*(Sie/ihr) wollen/t*
	vouloir	*wollen*
	voulons	*(wir) wollen*
	voulu	*gewollt*
	vous	*ihr, Sie*
	vous	*ihr/Sie, betontes Personalpronomen*
	vous	*euch/sich*
	Vous voulez …?	*Wollen Sie …?*
le	voyage	*Reise*
	voyager	*reisen*
	voyez	*(ihr/Sie) sehen/seht*
	voyons	*(wir) sehen*
	vrai/e	*wahr*
	vraiment	*wirklich*
	vraiment	*tatsächlich*
	vu	*gesehen*

W

le	week-end	*Wochenende*

Y

	y	*dort*
	y	*dorthin*
	Yann	*Yann*

Z

	zéro	*null*
	Zinedine Zidane	*Zinedine Zidane*
	Zurich	*Zürich (Stadt in der Schweiz)*

Bildquellen:

S. 9 *Collage* – Frank Zuber, Stuttgart / EKS GmbH, Stuttgart / Philipp Ziegler, Stuttgart
S. 11 *Frisör* – EKS GmbH, Stuttgart
S. 11 *Gärtnerin* – Ingram Publishing, Tattenhall Chester
S. 11 *Musiker* – MEV Verlag GmbH, Augsburg
S. 11 *Architektin* – MEV Verlag GmbH, Augsburg
S. 11 *Tennisspielerinnen* – MEV Verlag GmbH, Augsburg
S. 11 *Fotografin* – MEV Verlag GmbH, Augsburg
S. 13 *Flagge USA* – Comstock, Luxemburg
S. 13 *Flagge Schweiz* – Comstock, Luxemburg
S. 13 *Flagge Spanien* – Comstock, Luxemburg
S. 13 *Flagge Italien* – Comstock, Luxemburg
S. 13 *Flagge Marokko* – Comstock, Luxemburg
S. 14 *chines. Schriftzeichen* – MEV Verlag GmbH, Augsburg
S. 14 *Pyramide* – Mexikanisches Fremdenverkehrsamt, Frankfurt
S. 14 *Wüste* – MEV Verlag GmbH, Augsburg
S. 14 *Atomium* – MEV Verlag GmbH, Augsburg
S. 14 *russische Kirche* – MEV Verlag GmbH, Augsburg
S. 20 *Fernsehen* – Eduard Bader, Esslingen
S. 20 *Geigenspielerin* – MEV Verlag GmbH, Augbsurg
S. 20 *Badmintonspieler* – Frank Zuber, Stuttgart
S. 20 *Türszene* – Eduard Bader, Esslingen
S. 20 *Musik hören* – Frank Zuber, Stuttgart
S. 20, 23 *Schülerin* – Fotosearch RF (Photodisc), Waukesha
S. 23 *Tänzerin* – Fotosearch RF (Photodisc), Waukesha
S. 23 *Schwimmer* – Corel Corporation, Unterschleißheim
S. 23 *Kinder* – Eduard Bader, Esslingen
S. 23 *Schnee* – MEV Verlag GmbH, Augsburg
S. 23 *Schwimmbad* – MEV Verlag GmbH, Augsburg
S. 27 *Kaffee* – Philipp Ziegler, Stuttgart
S. 27 *Zahnpasta* – Philipp Ziegler, Stuttgart
S. 27 *Limonade* – Philipp Ziegler, Stuttgart
S. 27 *Mineralwasser* – Philipp Ziegler, Stuttgart
S. 27 *Orangen* – Philipp Ziegler, Stuttgart
S. 27 *Äpfel* – Philipp Ziegler, Stuttgart
S. 27 *Tee* – EKS GmbH, Stuttgart
S. 27 *Zucker* – Philipp Ziegler, Stuttgart
S. 28, 35 *Postamt* – EKS GmbH, Stuttgart
S. 28 *Bank* – EKS GmbH, Stuttgart
S. 28, 35 *Supermarkt* – EKS GmbH, Stuttgart
S. 28, 35 *Epicerie* – EKS GmbH, Stuttgart
S. 28, 35 *Zeitung* – Philipp Ziegler, Stuttgart
S. 28 *Briefmarken* – Emilie Villemagne, Paris
S. 28, 35 *Briefe* – Philipp Ziegler, Stuttgart
S. 28 *Zahnbürste* – Philipp Ziegler, Stuttgart
S. 28 *Zahnpasta* – Philipp Ziegler, Stuttgart
S. 28, 35 *Wasser* – Philipp Ziegler, Stuttgart
S. 30 *Äpfel* – Philipp Ziegler, Stuttgart
S. 30 *Butter auf Waage* – Philipp Ziegler, Stuttgart
S. 30, 33, 36 *Mehl* – Philipp Ziegler, Stuttgart
S. 31 *Collage:* MEV Verlag GmbH, Stuttgart / Fotosearch RF, Waukesha
S. 33, 54 *Butter auf Waage* – Philipp Ziegler, Stuttgart
S. 33 *Zucker* – Philipp Ziegler, Stuttgart
S. 33, 54 *Salz* – Philipp Ziegler, Stuttgart
S. 33, 54 *Eier* – Philipp Ziegler, Stuttgart
S. 34 *Tasse Kaffee* – Philipp Ziegler, Stuttgart
S. 34 *Päckchen Kaffee* – Philipp Ziegler, Stuttgart
S. 34 *Kaffeepulver* – Philipp Ziegler, Stuttgart
S. 34 *2 Tassen Kaffee* – Philipp Ziegler, Stuttgart
S. 34 *Löffel Kaffee* – Philipp Ziegler, Stuttgart
S. 34 *Weinflaschen* – EKS GmbH, Stuttgart
S. 34, 36 *Glas Wein* – Philipp Ziegler, Stuttgart
S. 34 *Glas Bier* – EKS GmbH, Stuttgart
S. 34, 36 *Baguette* – Philipp Ziegler, Stuttgart
S. 34, 36 *mehrere Baguettes* – Creativ Collection, Freiburg
S. 34, 36 *Stück Baguette* – Philipp Ziegler, Stuttgart
S. 34, 36 *Stück Käse* – Philipp Ziegler, Stuttgart
S. 36 *Flasche Wein* – Philipp Ziegler, Stuttgart
S. 36 *Glas Wein* – Philipp Ziegler, Stuttgart
S. 36 *versch. Käsesorten* – Sopexa DEUTSCHLAND, Düsseldorf
S. 36 *Käse* – Philipp Ziegler, Stuttgart

S. 36 *Päckchen Mehl* – Philipp Ziegler, Stuttgart
S. 36 *Mehl auf Waage* – Philipp Ziegler, Stuttgart
S. 37 *Collage* – EKS GmbH, Stuttgart
S. 44 *Flugzeuge* – Fotosearch RF (Corbis RF), Waukesha
S. 44 *Sonnenbrillen* – EKS GmbH, Stuttgart
S. 44 *Koffer* – EKS GmbH, Stuttgart
S. 44 *Fahrkarten* – EKS GmbH, Stuttgart
S. 48 *telefonierender Mann* – EKS GmbH, Stuttgart
S. 48 *Geschenkübergabe* – MEV Verlag GmbH, Augsburg
S. 48 *Mann/Frau am Telefon* – Corbis (RF), Düsseldorf/MEV Verlag GmbH, Augsburg
S. 48 *Feier* – Corbis (RF), Düsseldorf
S. 48 *Begrüßung* – EKS GmbH, Stuttgart
S. 48 *Journalisten* – Fotosearch RF (Photodisc), Waukesha
S. 49 *Collage* – Fotosearch RF (EyeWire), Waukesha
S. 51 *Briefe* – Philipp Ziegler, Stuttgart
S. 51 *Anziehen* – Eduard Bader, Esslingen
S. 51 *Fotos* – Philipp Ziegler, Stuttgart
S. 51 *Visitenkarte* – Digital Vision, Maintal-Dörnigheim
S. 51 *Schuhe in Schaufenster* – EKS GmbH, Stuttgart
S. 54 *Mousse au Chocolat* – EKS GmbH, Stuttgart
S. 54 *Schokolade* – Philipp Ziegler, Stuttgart
S. 65 *Ampeln* – Philipp Ziegler, Stuttgart
S. 65 *gelbe Seiten* – Frank Zuber, Stuttgart
S. 65 *Infobroschüre* – Frank Zuber, Stuttgart
S. 65 *Buch* – Frank Zuber, Stuttgart
S. 65 *Bücher* – Philipp Ziegler, Stuttgart
S. 65 *Hausnummern* – EKS GmbH, Stuttgart
S. 65 *Aufzüge/Stockwerke* – EKS GmbH, Stuttgart
S. 69 *Jogging* – Philipp Ziegler, Stuttgart
S. 69 *Frau mit Blume* – Philipp Ziegler, Stuttgart
S. 69 *Frau verlässt Wohnung* – Eduard Bader, Esslingen
S. 69 *Paar, das verreist* – Krystelle Jambon, Granada
S. 69 *Frau öffnet Tür* – Eduard Bader, Esslingen
S. 69 *schlafende Kinder* – Krystelle Jambon, Granada
S. 69 *Parkbank* – Christian Baudisch, Stuttgart
S. 69 *Wein einschenken* – Philipp Ziegler, Stuttgart
S. 83 *Péage* – EKS GmbH, Stuttgart
S. 83 *Straßenkarte* – EKS GmbH, Stuttgart
S. 83 *Zug* – Emilie Villemagne, Paris
S. 83 *Flugzeug* – Fotosearch RF (Corbis RF), Waukesha
S. 83 *Fragezeichen* – EKS GmbH, Stuttgart
S. 86 *Hotelrezeption* – Frank Zuber, Stuttgart
S. 86 *Straße* – Krystelle Jambon, Granada
S. 86 *Wein einschenken* – Philipp Ziegler, Stuttgart
S. 86 *Kühlschrank* – Philipp Ziegler, Stuttgart
S. 89 *alle Uhren:* EKS GmbH, Stuttgart
S. 91 *Katze vor Fenster* – Thomas Loopuyt, Lyon
S. 91 *Katze zwischen Flaschen* – Thomas Loopuyt, Lyon
S. 91 *Katze hinter Vorhang* – EKS GmbH, Stuttgart
S. 91 *Katze auf Balkon* – Thomas Loopuyt, Lyon
S. 91 *Katze im Schrank* – Souleyman Bachir, Paris
S. 90 *Betten* – Federica Colombo, Berlin
S. 90 *Schrank* – EKS GmbH, Stuttgart
S. 90 *Fressnapf* – EKS GmbH, Stuttgart
S. 90 *Vorhang* – EKS GmbH, Stuttgart
S. 90 *Balkon* – EKS GmbH, Stuttgart
S. 90 *Sessel* – EKS GmbH, Stuttgart
S. 90 *Heizung* – EKS GmbH, Stuttgart
S. 94 *alle Uhren:* EKS GmbH, Stuttgart
S. 99 *Leute, die arbeiten* – Fotosearch RF (Photodisc), Waukesha
S. 99 *spielende Kinder* – Banana Stock, Wattlington-Oxon
S. 99 *Mann in Badehose* – Krystelle Jambon, Granada
S. 99 *Mann und Kind* – MEV GmbH, Augsburg
S. 99 *Frau und Kind in Bett* – Krystelle Jambon, Granada
S. 103 *Kuchen* – Philipp Ziegler, Stuttgart

S. 103 *Krümel auf Teller* – Philipp Ziegler, Stuttgart
S. 103 *Geschirr in Spülmaschine* – Philipp Ziegler, Stuttgart
S. 103 *Frau geht in eine Bar* – Frank Zuber, Stuttgart
S. 103 *Frau in einer Bar* – Frank Zuber, Stuttgart
S. 103 *schlafende Frau in einer Bar* – Frank Zuber, Stuttgart
S. 108 *Basketball/Fußball* – MEV Verlag GmbH, Augsburg
S. 108 *zwei Hosen* – Philipp Ziegler, Stuttgart
S. 117 *Gepäck* – Eduard Bader, Esslingen
S. 117 *Louvre* – Frank Zuber, Stuttgart
S. 117 *Party* – MEV Verlag GmbH, Augsburg
S. 117 *Zug* – Emilie Villemagne, Paris
S. 117 *Popband* – Image 100, Berlin

Aufnahme, Schnitte und Mastering:
Ton in Ton Medienhaus, Stuttgart

Schnitt:
ARTist Tonstudios, Pfullingen

Sprecher:
Patrick Baudrand
Sonia Blin
Gilles Floret
Veronique Jäck
Nathalie Karanfilovic
Maxime Kern
Rebecca Simpson
Christelle Souvras
Katharina Stilo
Marie-Christine Thiébaut
Régis Titeca
Denise Usal

Trackliste

1

Track 1 – Übung 2
Track 2 – Übung 4
Track 3 – Übung 5
Track 4 – Übung 7
Track 5 – Übung 13

2

Track 6 – Übung 1
Track 7 – Übung 3
Track 8 – Übung 4
Track 9 – Übung 6
Track 10 – Übung 8
Track 11 – Übung 9
Track 12 – Übung 12

3

Track 13 – Übung 1
Track 14 – Übung 2
Track 15 – Übung 6
Track 16 – Übung 8
Track 17 – Übung 11

4

Track 18 – Übung 1
Track 19 – Übung 4
Track 20 – Übung 6
Track 21 – Übung 8
Track 22 – Übung 12

5

Track 23 – Übung 1
Track 24 – Übung 2
Track 25 – Übung 7

Test 5

Track 26 – Übung 3

6

Track 27 – Übung 2
Track 28 – Übung 6
Track 29 – Übung 10

7

Track 30 – Übung 1
Track 31 – Übung 14

8

Track 32 – Übung 1
Track 33 – Übung 2
Track 34 – Übung 4
Track 35 – Übung 8

9

Track 36 – Übung 2
Track 37 – Übung 3
Track 38 – Übung 5
Track 39 – Übung 6

10

Track 40 – Übung 1
Track 41 – Übung 2
Track 42 – Übung 7
Track 43 – Übung 13

11

Track 44 – Übung 1
Track 45 – Übung 7
Track 46 – Übung 8

12

Track 47 – Übung 1
Track 48 – Übung 2
Track 49 – Übung 7

Notizen

Notizen

Notizen

Notizen

Notizen

Notizen

Notizen

Notizen

Notizen

Notizen

Notizen